＼教えて！／

押切もえのマンション経営Q&A

ヴェリタス・インベストメント
代表取締役
川田秀樹

押切もえ 対談 川田秀樹

マンションのデザインを手がける押切もえが投資用マンション業界20年の実績を持つ、川田秀樹に聞く！

モデルや作家、
デザイナーの顔を持つ、押切もえ。
ウエディングドレスやストッキングなど
ファッションアイテムのほかに、
ワンルームマンションのデザインも
手がけていることをご存じでしょうか。
都内の中でも目黒東山、
都立大学、奥沢、飯田橋、江戸川橋、
品川戸越といった人気エリアで
6棟のマンションのデザインを手がけています。
手がけたマンションは早期に完売、
入居者がすぐに埋まるほどの人気です。
そんな最新マンションの
デザインを手がけた押切もえが、
投資用マンション業界20年の実績を持つ
川田秀樹に、気になるマンション経営について
話を聞きました。

Kawada Hideki

1972年生まれ。青山学院大学卒業後、不動産会社へ営業職として入社。25歳にして管理職に抜擢され、以降マネジメント業務に携わる。前職では会社の№2としてIPOに携わり、当時不動産業界では最短となる設立4年目での株式上場を果たす。

2008年、株式会社ヴェリタス・インベストメント設立とともに代表取締役に就任。高いクオリティを持つデザイナーズマンション（PREMIUM CUBEシリーズ）の開発に力を注いでいる。

Oshikiri Moe

モデル、作家。1979年生まれ。千葉県出身。

モデルにテレビ・ラジオや広告キャラクター、執筆活動と多方面で活躍中。

2015年から3年連続で二科展絵画部門に入選し、2016年に出版した短篇連作集『永遠とは違う一日』（新潮社）は山本周五郎賞候補にノミネートされた。

老後の不安に備えて、「不動産投資」を始める人が増えている？

川田　不動産投資を始める人が確実に増えていますね。弊社の場合、会社設立から10年が経過しましたが、この間にお客様は4～5倍に増えています。

押切　投資を始めるのは、どんな方が多いのですか？

川田　30～40代の男性会社員が多いですね。中には20代後半の方もいらっしゃいます。購入された方にお話を聞くと、老後や年金に対する危機意識が強いようです。不動産は高い買い物ですが、投資用住宅ローンを組めばわずかな自己資金で購入することができます。ローン返済中は毎月の家賃収入でローンを返済します。ローンが終われば、家賃がそのまま収入となるため、老後の安定収入につながります。

押切　不動産のような大きな財産を持つことは、誰にでもできることではないですよね。でも、20代後半の方も積極的に購入されていると聞いて、刺激を受けています。

川田　仕事に慣れて精神的にゆとりができてから、生命保険に加入するような感覚で、将来を見据えて不動産投資を考える方が多いですね。

押切　不動産投資を始めるなら、独身のうちに始めた方がいいですか？

川田　一概には言えませんが、実際に購入している方の割合は独身者と既婚者では半々です。独身者の場合、自身の財産を自由に動かせるため、将来への備えとして身軽なうちに検討する

方が多くいます。また、独身のうちは所得税や住民税が高いので節税効果を期待できるのも事実です。一方、既婚者の場合、家族のために純粋に資産を増やすとか、生命保険代わりという目的でマンションを買われる方もいます。自分に万一何かあったとしても、家族に無借金のマンションを残すことができますから。

押切　なるほど。最近、不動産投資は始めやすくなったのでしょうか？

川田　その流れはあります。弊社の販売している物件ですと、少し前までは年収５００万円以上でないとローンを組むのが難しかったのですが、最近では年収４００万円以上なら取り組めるようになりました。

押切　ローンを組むにあたり、昨今の経済状況でどんな変化がありますか？

川田　以前は融資を受ける際の金利は２～３％台後半でしたが、昨今では２％を切るほど低金利になりました。借りられる額が増えているのも不動産投資を始める方にとってうれしい流れですね。

初心者には区分所有の新築ワンルームが向いている？

押切　初心者の方はどんな物件を検討するべきでしょう？

川田　不動産投資の経験がない初心者の方は、やはり新築のワンルームマンションの1部屋から始めるのがいいでしょう。たとえば、弊社の新築のワンルームマンションの場合、購入するのに必要な金額は2000～3000万円台です。それに対して、マンション1棟を丸ごと購入しようと考えると、都内であれば小規模でも5～6億円します。そうなると、なかなか買えないですよね。

押切　初心者には、難しいですね（笑）

川田　そうなんです。金額が現実的ではないというのが1点。さらにもう1点、1棟丸ごと購入を初心者におすすめできない理由があります。仮に5～6億円で買ったマンションに20戸入っているとしましょう。それが空室ばかりだったら、どうしますか？　ローンの返済もありますから、家賃収入が予想を下回れば収支はどんどんマイナスに陥っていきます。さらに、購入したマンションが中古であれば、エレベーターや水回りの修繕など、予想外に出費がかさむ可能性もあります。そう考えると、初心者の方にはハードルが高いですよね。

最新のワンルームマンションの一例、「PREMIUM CUBE 品川WEST」の外観

押切　1棟だとすべての部屋をケアしなければいけないので大変ですね。ワンルームだと自分の所有する1部屋のことだけを考えればいいので、1棟に比べると随分と気が楽ですね。空室やメンテナンスを考えて買うなら新築ですか？

川田　はい、初心者の方ほど、新築をおすすめします。また、「サブリース契約」（詳細は132ページ参照）を結べば、実際に空室があっても家賃が保証されますから、ほとんど手間がかかりません。

押切　手間がかからないのは初心者ほど助かりますね。

川田　そう思いますよ。新築は基本的に売主である不動産会社が各金融機関に物件の価格を公表した上で、事前に物件そのものに対して融資が受けられるかどうかの審査を通しておきます。

押切　なるほど。それなら、新築を買う場合、融資の心配はあまりなさそうですね。逆に中古の場合は、どうなのでしょうか？

川田　中古物件の場合、金額的には新築よりも手頃ですが、金融機関に持ち込んで審査を受けても、ローンの年数が短くなったり、金利が高くなったりします。また、自己資金が多めに必要になることもあります。

押切　それは融資の審査を受ける際に基準があるのですか？

川田　築年数が古いとかエレベーターのない低層のマンション、面積が狭いなど今のニーズに合わない物件は融資がつかない可能性があります。たとえば、昔のワンルームマンションで旧耐震基準でつくられたものとか、トイレ・お風呂・洗面台が3点式ユニットのもの、駅からの距離が徒歩15分や20分と遠いものは1000万円で売りに出ていたとしても融資がつかないこともあります。ちなみに、昔のワンルームマンションは旧耐震基準でつくられ、ビジネスホテルのような考えからスタートしていますから、広さは15～18㎡が普通でした。

押切　それはちょっと狭いですね。今のワンルームマンションの広さはどれくらいですか？

川田　やや狭目の所で20㎡ですが、25㎡以上が多いですね。

押切　20㎡あれば、一人暮らしには十分ですよね。あと、新築の場合は、アフターサービスも充実している印象ですが、どうでしょう？

川田　新築物件は当然、物件そのものに対する補修のアフターサービスを設けています。特に初心者の方ほど、買った当初から修繕などの余計な出費を心配していただきたくないですね。10年ほど経って、エアコンや給湯器が壊れるのはやむを得ませんが、中古の場合、下手したら購入して1カ月後にエアコンが壊れたとしても自己責任ですから。

押切　購入後どこにいくら修繕費がかかるか、初心者には中々見抜けないですよね。エアコンが壊れそうとか、もうすぐ雨漏りしそうとか。

川田　それは私たちですら見抜けないですよ。入居者がいるまま、中古物件として売りに出されることが普通ですから、室内を見ずに購入される方もいます。

押切　新築の場合、アフターサービスは、何年間と決まっているのですか？

川田　当社の場合、物件や部位によって異なりますが、一般的には2年です。目に見えない設備配管とか電気配線は5年。これは天井裏にある電気の配線や床下の配管などです。

押切　ほかにも新築ならではのメリットはありますか？

川田　これは新築物件だけの特権ですが、瑕疵《かし》担保の履行責任が売主業者側にあるので、建物本体の強度に関わることと、漏水に関わることは、10年間の保証義務があります。ところが、築年数が浅くても中古として出回ってしまうと、原則として、その権利は次に買った人にはもうありません。不動産投資の初心者ほど、新築ならではの特権を使わない手はありません。

押切　そうですね。不動産投資に慣れてきたら、メンテナンスにしても、どこにいくらぐらいで依頼すればいいのかなど相場がわかるかもしれませんが、最初はわかりませんからね。

将来的に資産価値が落ちない場所はある？

川田　何年経っても街の魅力が変わらず、資産

最新のワンルームマンションの一例、
「PREMIUM CUBE 品川WEST」の室内

価値の高いエリアは存在します。そもそも世界の主要都市の中でも東京は魅力が多い街です。東京にはたくさんの魅力的な仕事があり、高い収入を得ることができるため、働き盛りの人は東京の物件を選ぶ傾向が強いです。マンション経営は良い物件を手に入れることが成功への近道です。良い物件とは、誰もが住みたい物件です。そのために大事なのが立地です。ですから、資産価値の下がりにくい立地でマンションを購入することが大前提です。

押切　特に単身者であれば、職場に近い立地の方が何かと便利ですからね。やはり、東京の中でも都心の方がいいのでしょうか？

川田　はい。弊社が手がけるワンルームマンションの立地も23区内の都心部に集中しています。

押切　都心部はやはり資産価値が高いということですか？

川田　そうですね。都心部の中でも、新宿や渋谷などのターミナル駅に近い地域なら人気は高いですね。

押切　初心者の場合、特にどんな点に注目して資産価値が落ちない場所を探せばいいのでしょう？

川田　まずは山手線を基準にして、地下鉄や私鉄と接続しているターミナル駅がおすすめです。接続している路線が多ければ多いほどいいいで

ヴェリタス・インベストメントが供給するマンションの所在地

すね。

押切　たとえば、新宿駅や渋谷駅、池袋駅などですよね。ほかに、大学が近くにあるとかも、チェックすべきですか？

川田　弊社の物件の場合、ワンルームの中でもグレードが高くて家賃が高いため、メインとなる入居者は大学生ではなく社会人です。ですから、大学の所在地よりも、社会人が多く使う駅に近いかどうか、大企業が多い駅に通勤しやすいかどうかをチェックするといいですね。

押切　なるほど。そうなると品川や丸の内などビジネスの拠点となるような地域にアクセスしやすい場所で投資用物件を探すべきですね。ちなみに、ヴェリタス・インベストメントでは、1年に5〜6棟ぐらいマンションを手がけていますよね。その立地は、具体的にはどう見極めていらっしゃるのですか？

川田　当社の仕入担当者が市場に出ている土地情報を見て、入居者をつけられると経験則でわかれば、最初の判断は一瞬で決めます。次に、その土地に建てられるマンションの立体的なボリ

ユームを建築基準法上でおおよそ予測し、それを20〜25㎡で割りつけていったときに事業収支が合うのかどうかを検討します。市場に出ている情報は、各社が一斉に検討し始めるため、スピード感を大事にしています。

押切　今、品川区でもマンションの開発を進めているとか。品川駅周辺では、駅周辺の開発が進んでいますよね。投資用マンションを買おうと思っている場合、再開発の話も意識した方がいいのでしょうか？

川田　もちろんです。あとは、街の活性化もチェックすることですね。特に我々が活況だと感じているのは、東京23区の中でも、地図で見たときに真ん中より下の城南エリアと、川崎・横浜周辺です。川崎駅も昔と比べたら大きく開発が進みましたよね。

押切　そうですね。特に駅前は以前の工業地帯の面影はあまりないですよね。23区でも真ん中より下ということは、羽田空港へのアクセスに便利な点も関係しますか？

川田　はい、関係します。

押切　ほかに注目すべきエリアはありますか？

川田　これから注目は、やはり品川あたりですね。品川と田町の間に新駅ができる予定です。

押切　２０２０年の東京オリンピックのことは、ワンルームマンションを買う際にも意識した方がいいのでしょうか？

川田　我々が推奨している「新築で駅近」のデザイナーズマンションの場合、２０００〜３０００万円の高い買い物になるので、多くの方が30年前後のローンを組んで買うことになります。

一方、オリンピックはわずか2週間のことで、将来にわたり私たちの生活に影響があるとは思えません。そんな限定的な期間のことに縛られずに、オリンピックが終わった後のことも考えて、資産価値が落ちない場所を冷静に、広い視野と長い視点で考えた方がいいですね。

押切　なるほど、たしかにそうですね。長期的な視点で資産価値を見極めることが大切ですね。

6棟のマンションをデザインした押切もえが考える、好まれる住まいとは？

川田　弊社のワンルームマンション「PREMIUM CUBE」シリーズでは、これまでに著名な建築家やデザイナーにグラマラスなデザインを依頼したり、世界中に熱狂的なファンが多いファッションブランド「mastermind JAPAN」とのコラボなどをしてきました。押切さんとの出会いは、ドレスなどのプロデュースをしていらっしゃることから、ぜひお願いしたいと思い、2011年に依頼したのが始まりでしたね。

押切　はい。マンションはこれまで私がデザインを手がけたものの中で最も大きなものですから、最初はプレッシャーを感じました。

川田　押切さんご自身の一人暮らしの経験も生かしながらイメージを作っていただきましたね。

押切　モデルの仕事を始めてから、都内のマンションで一人暮らしをしていたのでマンションをたくさん内見してきました。私にとって、住まいは1日の疲れを癒してくれるくつろぎの空間です。そんなホッとする住まいで、休日に友

人を呼びたくなるような素敵なマンションにしたいと考えました。

川田　これまで目黒東山、都立大学、奥沢、飯田橋、江戸川橋、品川戸越のマンションのデザインを手がけていただきましたね。1年に1棟、各4~5カ月かけて、プロデュースしていただきました。振り返ってみていかがですか？

押切　時々、突飛なことも言わせていただいたのですが、そこから川田社長をはじめ、現場の方々のご意見を伺いつつ、結果的には最高のものができたと感じています。実物を見ると、うれしくなります。毎回、完成する度に感動します。

川田　押切さんは絵画にもチャレンジしており、押切さんが描かれた絵を完成したマンションのエントランスに飾っている物件もあります。最初の1棟目は、どんな点にこだわってデザインされましたか？

押切　最初は手探りで、雑誌の切り抜きを集めて、イメージを膨らませ、理想を詰め込んだ形でした。女性目線で、女性がうれしいと思うものを詰め込みました。

押切もえプロデュースの「PREMIUM　CUBE品川戸越＃mo」

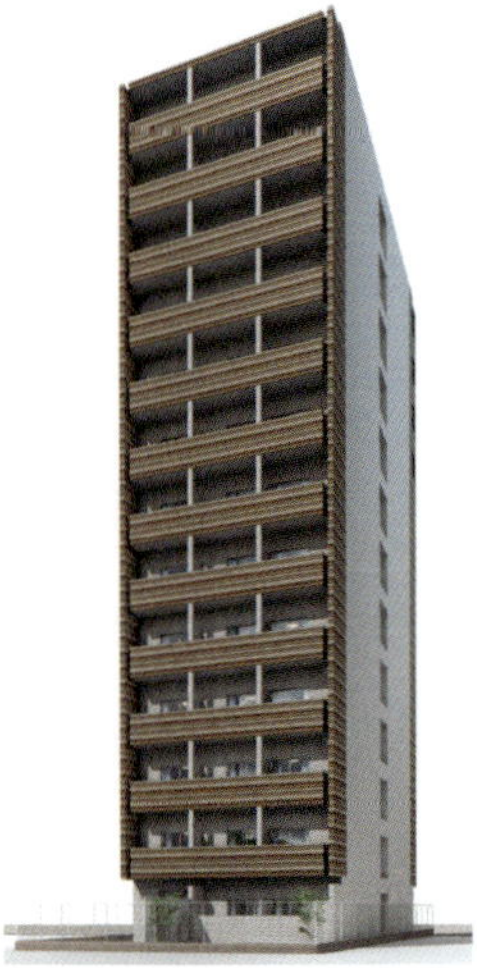

川田　弊社からは、たとえば、「次の物件はスタイリッシュで世代や性別を問わず、様々な方に住んでいただけるマンション」などとコンセプトと間取り図をお渡しして、内装や外観などのデザインをお願いしていますが、そこから、どうイメージを広げているのでしょうか？

押切　マンションの建設予定地の周りを調べて、イメージを膨らませるようにしています。ほかにも、仕事がオフの日に街を歩いているときでも色々な建物を意識的に見るなど、いい建築物に触れる機会を増やすようにしていますね。

川田　デザインする中で、難しかったことや印象的だったことはありますか?

押切　たとえば、外壁に使うタイルにしても、サンプルの色だけで何百種類もあり、材質の種類も豊富で、その中から選ぶのが大変でした。そんな中、川田社長の「冒険していい」という言葉が印象に残っています。くつろげる空間にしようと考えると、内装は白など無難な選択をしていました。でも、何棟か作っていくにつれ、それでは差別化できない、街によって雰囲気や景観が違うのだから、外観も内装も思い切って変えてみようと発想が広がりました。

川田　マンションの外観に茶色や淡い黄色のタイルを使われたのが斬新でしたね。街のシンボルになるようで、女性だけでなく、男性からも好評でした。

押切　万人受けしそうな中にも、どこかオリジナルの個性を出すように心がけています。入居者が住まいに愛着を持って長く住みたくなるような、そんな気持ちになってくれたらうれしいですね。

はじめに

私は、2008年3月に設立した株式会社ヴェリタス・インベストメントの代表取締役として、今も不動産投資業界の最前線に立っています。これまで、20年以上にわたり投資用マンションの開発・販売に携わっており、不動産開発用地の仕入れや販売などの経験を通じて、業界全体の動向を常に自分の肌で感じてきました。

近年、不動産投資が広く一般の方からも注目を浴びています。なぜでしょうか？最大の理由は、不動産投資には継続的に家賃収入を得られる可能性があるからです。将来に対して多くの方が不安に感じていることのひとつに、年金不足の問題があります。安心して老後を迎えるためには、不足する年金を補い、安定して継続的な収入を得る方法を身につけることが大切です。

株式投資などは大きく儲けられる可能性がある反面、逆に大きく損するケースもあり、安定した老後の生活を支える手段には向いていません。

それに対して、不動産投資のなかでも、マンション経営は毎月、一定の家賃収入が入ります。マンションが存続する限り、半永久的に家賃収入が得られるので、年金に対する不安を解消するための最適な投資方法だと言えます。

しかも、もしあなたに万一のことがあっても、マンションを保有していれば、残された家族に継続収入を得られる資産を残すことができます。それに加えて、今は低金利の時代です。マンションを買うためにローンを組むにはまたとない機会です。つまり、少ない資金でマンションという資産を購入できるチャンスなのです。

とりわけ、新築のデザイナーズマンションは低金利で融資を受けることができます。立地やデザインが洗練されているので、安定した家賃収入を確保できるからです。また、ローンの返済は毎月の家賃収入でまかなうことができるため、長期の返済も可能という大きなメリットがあります。

私にとって3冊目となる本書は、モデルでマンションのデザインプロデュースも手がける押切もえさんを交え、マンション経営の魅力ややり方についてQ&A形式で説明していきます。

押切さんには、読者のみなさんにより身近に感じていただけるように、不動産投資の初心者の目線でご質問をいただきました。それに対して、私がこれまで培ってきた経験に基づいて、将来安定した家賃収入が得られるマンション経営の方法を丁寧に解説していきます。

本書がみなさんのマンション経営実現のきっかけとなれば、著者としてこの上ない喜びです。

2018年2月
株式会社ヴェリタス・インベストメント
代表取締役　川田秀樹

目次

Q2 マンション経営を始めるのに適齢期はある？……30
A ローンを利用するなら早く始めた方が完済時期も早くなるので有利

Q3 サラリーマンでもマンション経営はできる？……34
A サラリーマンだからこそオススメです

Q4 貯金がなくてもマンション投資はできる？……38
A 融資を使ってレバレッジを効かせる。しかも低金利で融資が受けられる

Q5 マンション経営を始めた方がいい理由は？……42
A 不動産は資産として残り、購入後、手間がかからない

第1章 用語集……45

第2章 まずは知っておきたい不動産投資の基礎知識……46

Q6 不動産投資にはどんな種類がある？……48
A 1棟所有、区分所有のほか、J-REITなどがある

Q7 不動産投資にはどんなメリットがある？……52
A 家賃収入、売却時の利益、生命保険の代わり、などがある

Q8 よく聞く利回りの意味は？……56
A 利回りには「表面利回り」と「実質利回り」がある

Q9 資産価値の下がらない場所や立地はある？……58
A 東京都心など、人気があり、利便性に優れたエリアがそうです

Q10 初心者はどんな物件に投資すればいい？……62
A キーワードは「ワンルーム」「立地」「新築」「デザイナーズ」

第2章 用語集……65

第3章 買う前に知っておくべき購入資金とローンの知識

……66

Q11 購入資金はどうやって準備すればいい？……68
A 自己資金を使わなくても100%ローンで購入可能

Q12 融資を受けるために必要な条件とは？……72
A 金融機関により異なります。具体的な例を挙げてお答えします

Q13 ローンの申し込みと契約までに何をすればいい？……76
A 事前審査、申し込み、本審査、融資の内定・契約

Q14 ローンの金利にはどんな種類がある？……80
A 変動金利と固定金利がある
Q15 ローンの残金を早期に返済する方法はある？……82
A 繰り上げ返済が効果的です
第3章 用語集……85

第4章 物件購入時にチェックすべきこと……86

Q16 実際に物件を探すときはどうすればいい？……88
A インターネットで積極的に情報収集すれば、最後は人に行き着く
Q17 間取り図を見るときや内見ではどこをチェックすべき？……92
A 広さ、収納スペース、方位、アルファベットの略語、水回りなど
Q18 物件の周辺環境でチェックした方がいいところは？……96
A 便利な施設の有無や交通機関へのアクセスなど
Q19 入居者に人気の設備ってどんな設備？……100
A インターネット環境、オートロック＋宅配ボックス、浴室換気乾燥機など

Q20 購入時にどんな費用がかかる？……104
A 登記費用、ローン事務手数料、火災保険料、管理初期費用など

Q21 はじめての契約で不安だけど契約はどう進めていく？……108
A 購入申込書、融資審査、重要事項説明・売買契約、登記など

Q22 重要事項説明書と売買契約書はどこをチェックすればいい？……114
A 物件や取引条件に関する事項、契約不適合責任、契約の解除など

Q23 購入時にかかる税金は？……118
A 登録免許税、不動産取得税など6つの種類がある

Q24 購入後に発生する経費の内容は？……122
A 管理費や修繕積立金、その他の費用

第4章 用語集……125

第5章 購入後、安定収入を維持するために必要なこと

……126

Q25 賃貸管理と建物管理はどう違うの？……128
A 賃貸管理会社と建物管理会社は管理する内容が違う

Q26 家賃収入を確保する「サブリース契約」とは？……132
A 毎月の家賃収入が保証される契約

Q27 火災や事故に備える安心できる保険はある？……136
A 火災保険、総合保険などがある

Q28 団体信用生命保険ってどんな保険？……140
A オーナーに万一のことが起きても、マンションが家族のものになる保険

Q29 マンション経営を始めたらサラリーマンも確定申告するの？……144
A 不動産所得がある場合、確定申告は必須

第5章 用語集……149

おわりに……150

巻末資料
PREMIUM CUBE写真集……152

ブックデザイン 澁谷明美（CimaCoppi）
編集協力 高橋洋子、町田ケン
ナイスク 松尾里央、
石川守延、鈴木里菜
写真協力 齊藤僚子
図版制作 HOPBOX
本文DTP 横内俊彦

不動産投資が資産形成に最適な理由

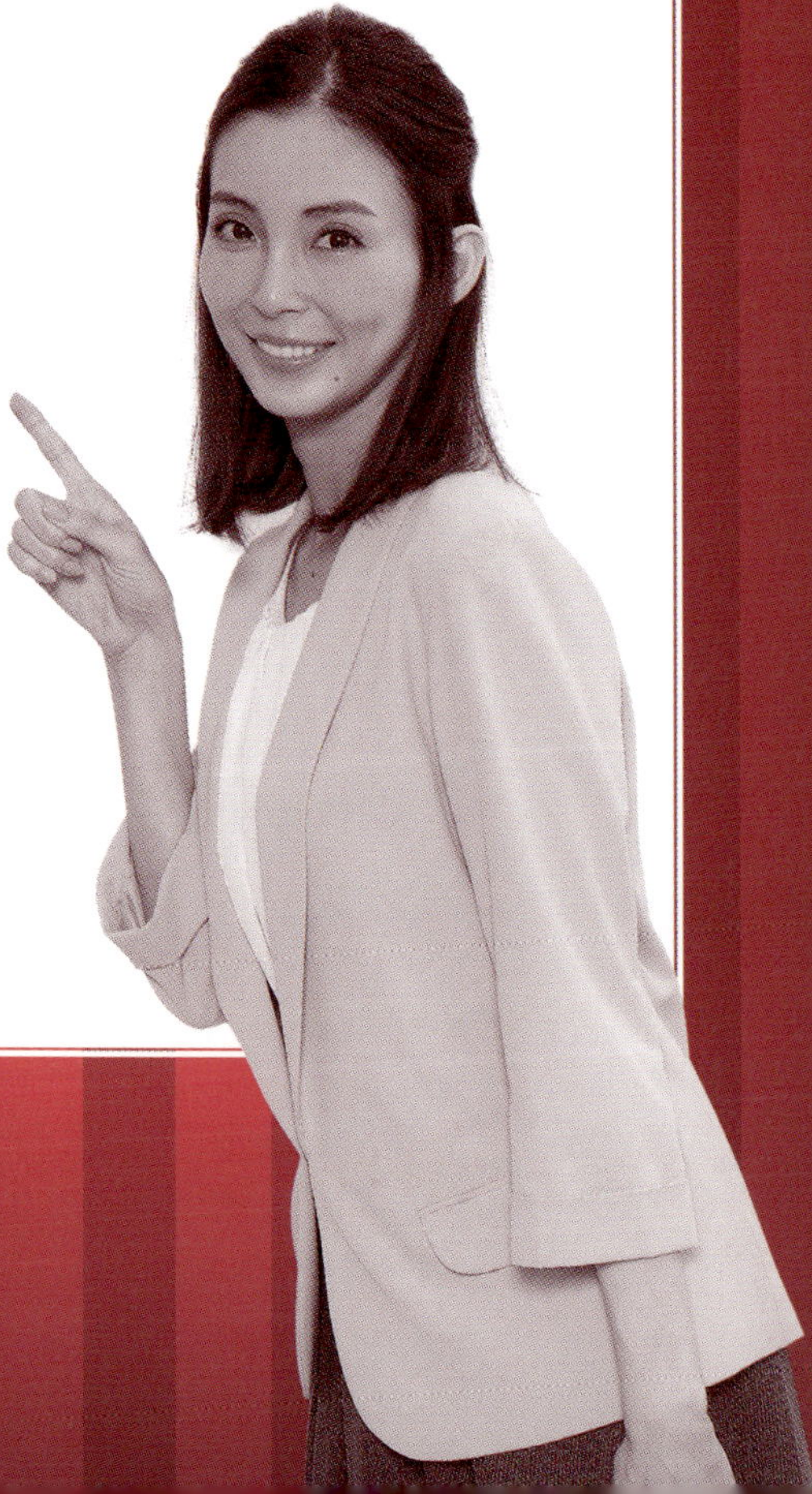

第1章

将来の年金不安や老後の生活に備えて、
資産形成することの重要性がこれまでになく高まっています。
資産形成の方法には株式投資、ＦＸなど短期間で大きく値上がり
する可能性があるものもありますが、不動産投資は長期間にわたって
安定的な家賃収入が見込まれるという特徴があります。
第１章では、サラリーマンの方々にとって、
この不動産投資がなぜ最適な資産形成方法と言えるのかについて
川田社長に詳しくお聞きしていきます。

Q1 老後のお金が心配だけど、マンション経営は安定した収入になる？

Answer

毎月入る家賃収入が年金対策になる

高まる公的年金への不安、不足する年金支給額

２０１７年10月納付分から、厚生年金保険料が18・3％（会社・個人の折半で負担）に引き上げられました。政府は保険料を平成16年から段階的に引き上げる代わりに、老後も安心できる制度にするとしていましたが、厚生労働省は２０１４年の財政検証で、所得の25・9％まで保険料を上げる必要があることも想定しています。このような事態になった理由として、少子高齢化や年金未納問題、経済成長の鈍化といった社会背景が挙げられます。

現在のサラリーマンの厚生年金負担額は、年収５００万円であれば月３万７５１５円、年収８００万円であれば月５万６７３０円（いずれも賞与を考慮せず）ですが、この負担額が今後増える恐れもあります。

生命保険文化センターの調査によると、老後に夫婦２人でゆとりある生活を送るためには月約36・1万円が必要と言われています。また、総務省統計局によると、最低限の生活でも月々約27万円かかるとされています。一方、夫婦２人で受け取れる公的年金などの給付額は月額約23・76万円程度。必要最低限の生活費と比べても約３・３万円不足します。しかも将来の公的年金支給額が今と同じとは限りません。

定期的な家賃収入でゆとりある老後生活を

このような公的年金の支給額不足に対する不安は、マンション経営による家賃収入で軽減す

【老後の家計収支】

※各項目とも、四捨五入により1円単位で誤差があります。

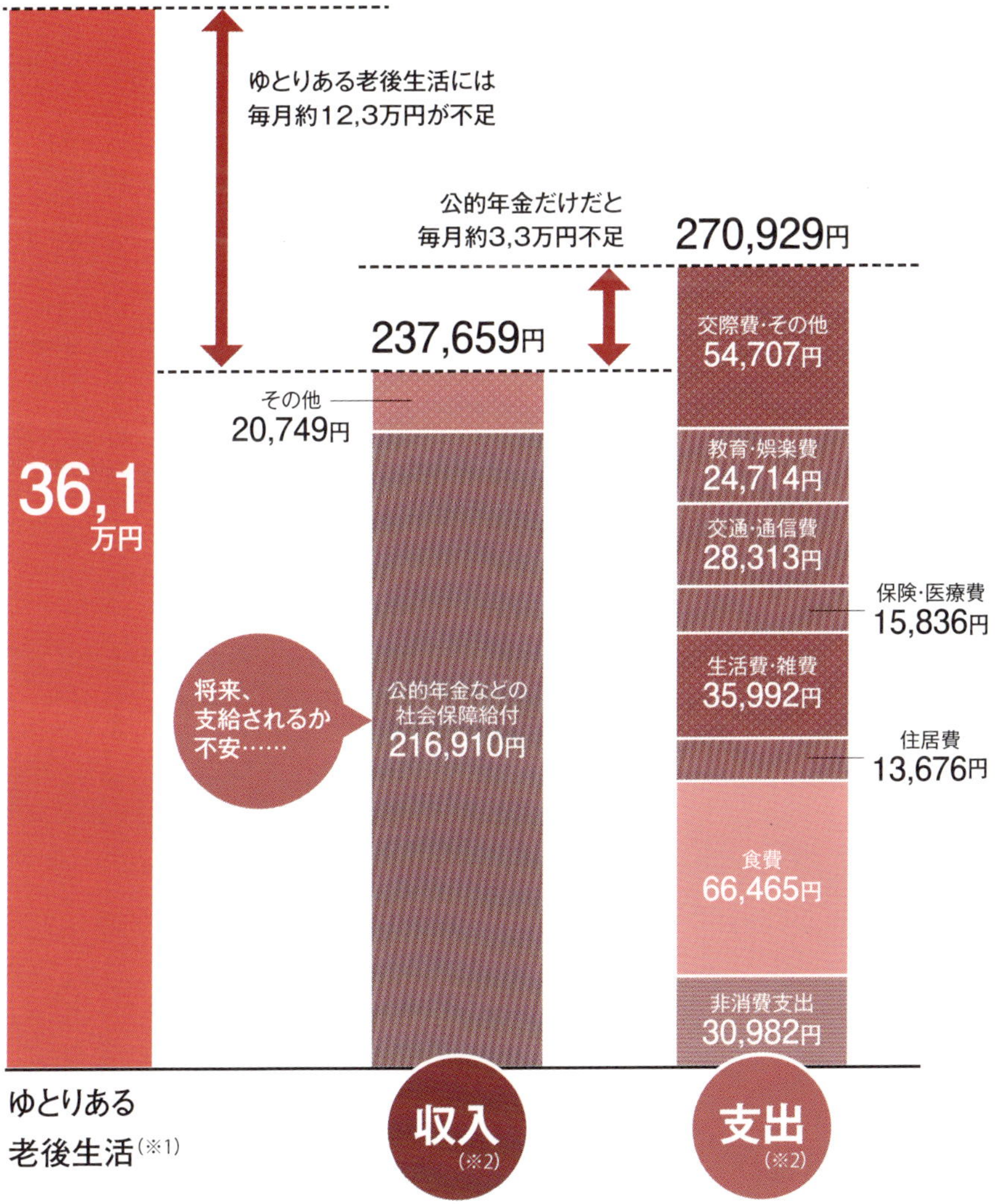

※1 生命保険文化センター「生活保障に関する調査」（令和元年度）
※2 総務省統計局「家計調査年報」（令和元年）より
高齢夫婦無職世帯（夫65歳以上・妻60歳以上）1カ月の家計収支

ることができます。

30代でマンション経営を始めて、会社を定年退職するまでにローンを完済できれば、それ以降は毎月の家賃収入が手元に残り、年金に対する不安がない、ゆとりある老後の生活が期待できるというわけです。

マンション経営は将来的に安定収入を得るためのもの

経済的にゆとりある生活を求めて、株やFX投資、あるいは個人年金保険などで足りないお金をまかなおうと考える方もいらっしゃると思います。

しかし、株やFX投資で勝ち続けるのは至難の業です。安定した収入になるとは言えません。逆に、今すぐに使えるお金が欲しいという方や、ギャンブルのように大金を稼ぎたいという方には向いていないかもしれません。

また、個人年金保険の場合、月々2万円の個人年金保険を35年間積み立てた場合、積み立てた総額は840万円(=2万円×12カ月×35年)になります。35年後に受け取れる金額を毎月10万円とすると、840万円÷(10万円×12カ月)=7年。個人年金保険により差がありますが、受け取れる期間は7年ほどしかありません。

マンション経営とは、あくまでも老後の不安に備えて、将来的に安定した収入を得るためのものなのです。

ローン完済後、マンション経営の最大の効果が発揮される

マンション経営をした場合、ローン完済後は家賃収入が半永久的に入ってきます。マンションを売却しない限り、家賃収入が定期収入となります。

マンション経営が確実な年金対策になる理由がここにあります。ローンを組んでいる間は、利益が出なかったり毎月数千円前後の支出が発生することもありますが、マンション経営はローン返済終了後の方が最大限の効果が発揮されます。何もしないで放っておいても、いつの間にかワンルームマンションが自分の資産になって

いるのです。しかも毎月安定した家賃収入を半永久的に得られます。ほかの投資や積立などを検討しているなら、ぜひマンション経営も積極的に検討してみてください。

誰にも負担をかけずに、老後を支えるマンション経営

マンション経営は「ミドルリスク・ミドルリターン」と言われますが、とりわけワンルームへの投資であれば、「ロングリターン」という言い方が正しいと思います。というのも、一時的にまとまった収入が入るのではなくて、長期間ずっと一定の額が入ってくるからです。

また、年金は本人が亡くなれば受け取ることができませんが、家賃は残された家族が受け取ることができます。これはマンション経営の最大の魅力です。

日本の年金制度は現役世代が年金受給世代を支える「賦課《ふか》方式」となっていて、今私たちが納めている年金は、年金受給世代を支えるために使われています。同じように、今後私たちはこれから生まれてくる子どもたちが納める年金によって支えてもらうことになります。

年金世代になった私たちに毎月何十万円もの年金を支給できるようにするためには、これからの子どもたちが大変です。

年金機構が株式などに投資して、運用利益を出している今は何とか持ちこたえていますが、数年前には運用に失敗し、大きな損失を出したこともありました。

年金制度がそういう意味で子どもたちに大きな負担をかけているのに対して、マンション経営は誰にも負担をかけずに私たちの老後を支えてくれます。

次の世代の子どもたちが苦労して私たちを支えるのではなく、誰にも負担をかけずに安定した年金をもらえるマンション経営とは、ある意味で社会貢献的なことであると言えるのではないでしょうか。

Q2 マンション経営を始めるのに適齢期はある？

Answer

ローンを利用するなら早く始めた方が完済時期も早くなるので有利

30代が主流だが、20代からでも可能

マンション経営を始める場合、多くの方は30～35年の長期ローンを組んでマンションを購入するため、資産を形成するには長い時間がかかります。株などで多額の利益を得たり、宝くじで大当たりした、ということもあるかもしれませんが、それは偶然のことです。

よく「投資用のマンションはどんな人が購入しているんですか？」という質問を受けることがあります。質問をされる方は、資産家や年収1000万円以上のエリートビジネスマンをイメージしているようですが、そんなことはありません。年収500万円前後の方もたくさんいます。左ページの図のように、年齢的には30代が多く、始めるのが早ければ早いほど完済時期も早くなるので、最近は20代で購入される方も増えています。

その理由の1つとして、金融機関の投資用住宅ローンのほとんどが79歳までに完済するプランのローンを組むことができますが、月々の返済額を低く抑えるためには、長期ローンを組んだ方がいいという点が挙げられます。

仮に35年ローンを組む場合、44歳までに始めれば可能ですが、ローンを払い終わるのが79歳では大変です。しかも44歳を超えてからでは必然的に短期間のローンとなり、月々の返済額も多くなります。したがって、今の仕事が60歳で定年になると考えたら、30歳ぐらいまでに始めた方がローンの返済に無理がないですし、ローン完済後の家賃収入も早く入ってきます。マン

【ワンルームマンションを所有する オーナーの年代の割合】

（株式会社ヴェリタス・インベストメント顧客）

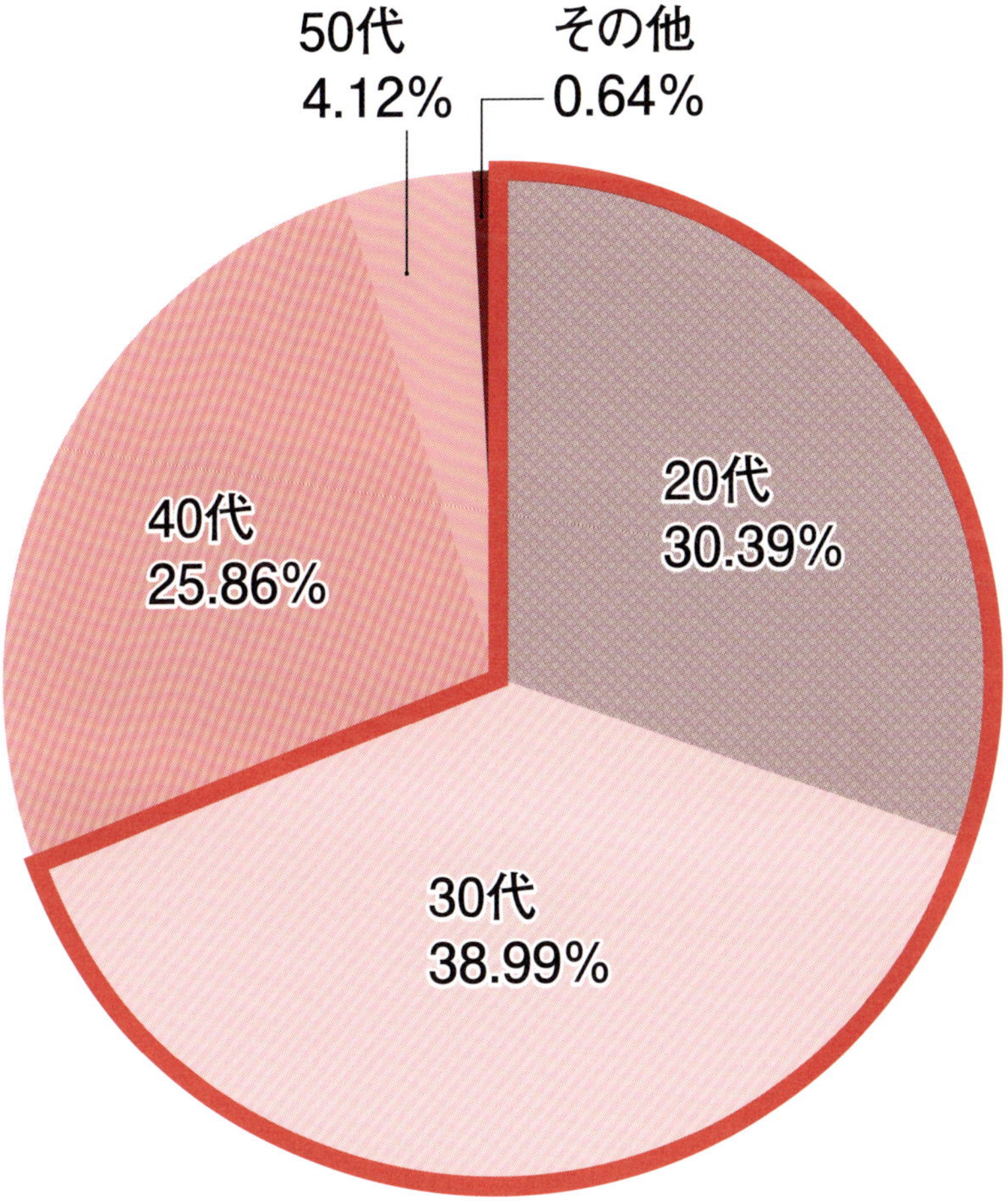

20～30代が全体の約7割を占めています。
早くから不動産投資を始めている人が多いことがうかがえます。

ション経営をお考えの方は早く始めることをおすすめします。

長期ローンを組めば、月々の返済額を抑えられる

しかし、現実的に考えると、若いときにマンション経営を実践できる方は決して多くはないでしょう。たとえば20代の方の中には、お金が入ってくると、趣味や旅行、グルメにファッションと自分の好きなように使ってしまう方もいるでしょう。責任ある職務を任され、仕事に充実感を感じ始めている30代の方と比べれば、安定した老後や年金の備えについても、「まだまだ先のこと」として捉えている方が多いと思います。しかし、20代でも、年金制度に大きな不安を覚えて早くに資産形成を行っている方がいるのも事実なのです。

では、早くローンを組むとどれだけ有利なのかを図を使って説明していきましょう。左ページの図は、ある物件を自己資金10万円でローンを組んで購入した場合の返済シミュレーションです。返済期間を35年、25年、15年に設定し、毎月の支払額を比較しています。

まず、35年ローンのケースを見てみましょう。毎月のローンの支払いは7万８０８２円です。管理費や修繕費など必要経費を加えた収支は、わずかですがプラスになっています。

次に25年ローンのケースです。毎月のローンの支払いが10万円を超えています。合計の収支はマイナス2万６５８円と少し大きな額になってしまいました。

最後に15年ローンの場合はどうでしょうか。毎月のローンの支払いはなんと15万円を超えてしまいました。もちろん、収支は大赤字です。

このように、ローンの年数の違いで毎月の収支は大きく変わってしまいます。毎月の収支がプラスになっていれば、もしくはわずかなマイナスならば日々の生活を圧迫することはないでしょう。ローンは長期で組めば月々の返済を抑えられますので、これなら20代の方でも安心してマンション経営を始められるのではないでしょうか。

ローン返済のシミュレーション例

価格 25,000,000円　賃料 100,000円　年間賃料 1,200,000円　利回り 4.80%

支払例 / 収支

35年

自己資金	100,000円
ローン金額	24,900,000円
金利	1.650%
月々	**78,082円**

賃料	+100,000円
ローン支払	−78,082円
管理費	−7,710円
修繕費	−1,600円
サブリース手数料	−10,000円
収支	**+2,608円**

25年

自己資金	100,000円
ローン金額	24,900,000円
金利	1.650%
月々	**101,348円**

賃料	+100,000円
ローン支払	-101,348円
管理費	-7,710円
修繕費	-1,600円
サブリース手数料	-10,000円
収支	**−(20,658)円**

15年

自己資金	100,000円
ローン金額	24,900,000円
金利	1.650%
月々	**156,252円**

賃料	+100,000円
ローン支払	−156,252円
管理費	−7,710円
修繕費	−1,600円
サブリース手数料	−10,000円
収支	**−(75,562)円**

返済期間35年、25年、15年で比べてみると、長期で組んだ方が月々の返済額も少なく、収支に負担のないことが一目瞭然です。

Q3 サラリーマンでもマンション経営はできる?

Answer

サラリーマンだからこそオススメです

サラリーマンの方が融資を受けやすい

マンション経営は、自営業の方でももちろん可能ですが、どちらかと言うと確実な定期収入を見込めるサラリーマンの方が融資を受けやすいのが実情です。つまり、マンション経営を始めるにあたっては、サラリーマンだからこそオススメと言えます。

これまでローン審査で有利だったのは、上場企業あるいはその関連会社（子会社など）に就業しているサラリーマンで、勤続年数3年以上が条件とされていました。しかし、最近は中規模でも経営が安定している会社に勤めているサラリーマンの方なら融資を受けられるようになってきました。また、勤続年数が2～3カ月でも融資を受けて、マンション経営にチャレンジする方も増えてきました。

このように融資条件が緩和された背景には、金融機関にとって「不動産」という優良な資産を担保に押さえることができることと、融資の審査基準を見直ししているという現状があります。したがって、新しい会社に転職したてで、勤続年数が短い場合でも、マンション経営を始められる可能性は十分にあります。

左ページの図を見ると、当社でマンション経営を始めたお客様の実に9割以上が民間企業に勤めています。データ上からも、サラリーマンをしながら兼業でマンション経営することが可能であることがわかります。

また、ローンは、融資を受けようとする方の職種や資格によって、審査が通りやすくなる場

【ワンルームマンションを所有する オーナーの勤務先】

（株式会社ヴェリタス・インベストメント顧客）

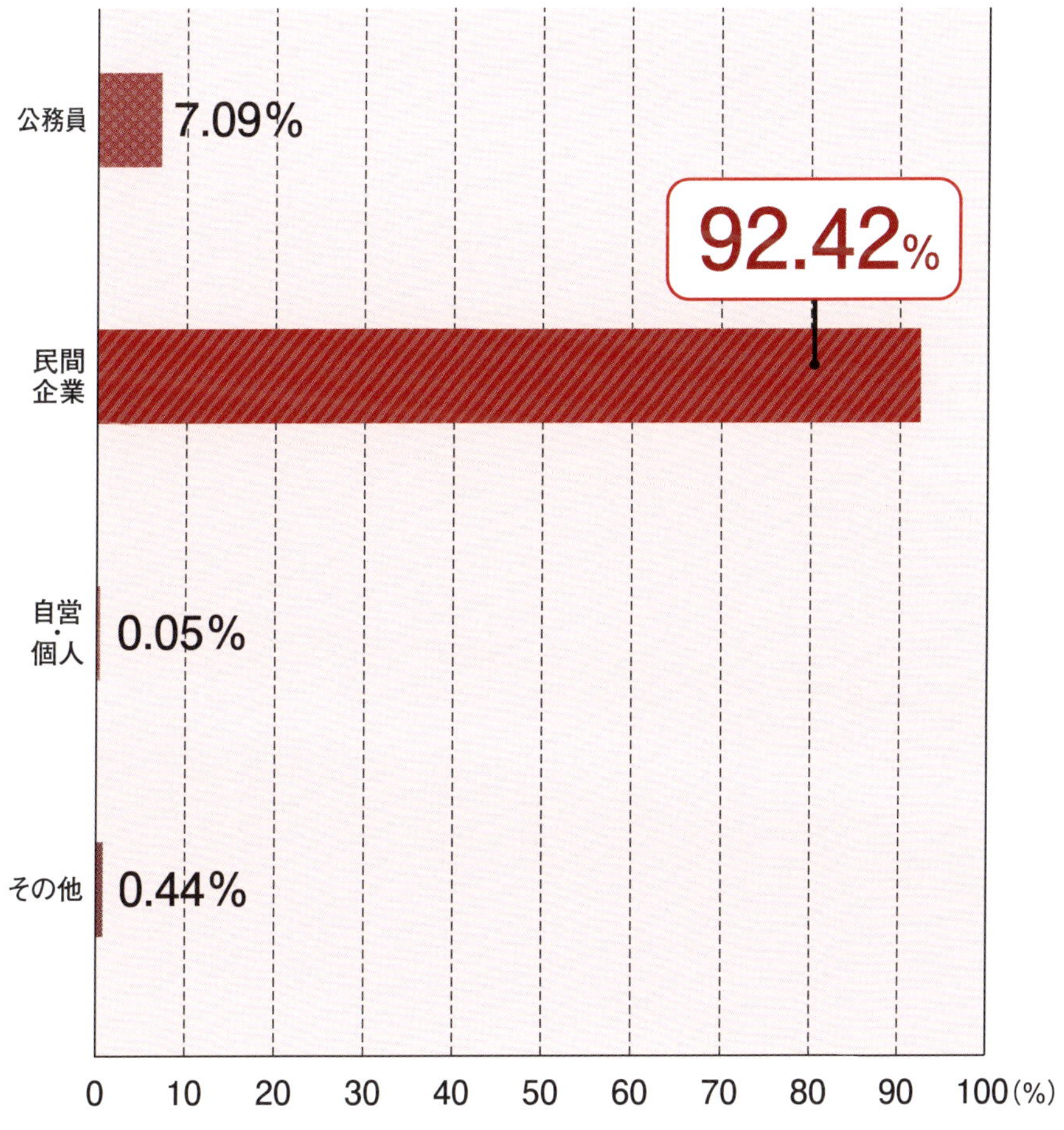

民間企業に勤める割合は実に全体の約9割以上となります。
サラリーマンとの兼業でもマンション経営が可能なことが見てとれます。

合があります。たとえば、仕事の幅を広げたい、給与や福利厚生の手厚い会社で働きたいという理由で、国家資格を生かしながら職場を変える場合です。この場合、いわゆるキャリアアップをする目的で職場を変えるわけで、ご自身の仕事内容は変わりません。ですから、すぐに解雇されて、ローンの返済が滞るということは考えにくいので、ローンの審査に影響を及ぼす可能性は低いと考えられます。

サラリーマン以外でも、融資は受けられる

当社に資料請求や質問をされるお客様の2～3割ほどが自営業や個人事業主の方ですが、このような方はローンが組みづらいという現状があります。

自営業や個人事業主の方でも、直近3年分の年間所得を提示すれば、審査の対象になりますが、安定して黒字になっていることと、将来も期待が持てることを証明しなければなりません。したがって、融資をする側からみれば、サラリーマンの方が収入が安定しており、確実に返済をしてくれる可能性が高いので安心ということになるのです。

公的資格は有効、健康は必須条件

サラリーマン以外で、ローンの審査に有利なのは公的資格を持っている方です。転職していても、公的資格を持っていて、その仕事に従事していれば、融資を受けるチャンスは大いにあると思います。

そのほか、職業の形態に関係なく、ローン審査に重要な条件があります。それは融資を受けようとする方が健康であるということです。健康に関する審査は自己申告で、過去に大きな病気、もしくは現に病気療養中で、投薬・治療を受けたことがあるかなど、健康に関する詳細な情報を自分で申請することになります。融資の条件を満たしていても、健康でなければ審査に通りませんので、日々の生活には注意するようにしましょう。

【ワンルームマンションを所有するオーナーの年収の割合】

（株式会社ヴェリタス・インベストメント顧客）

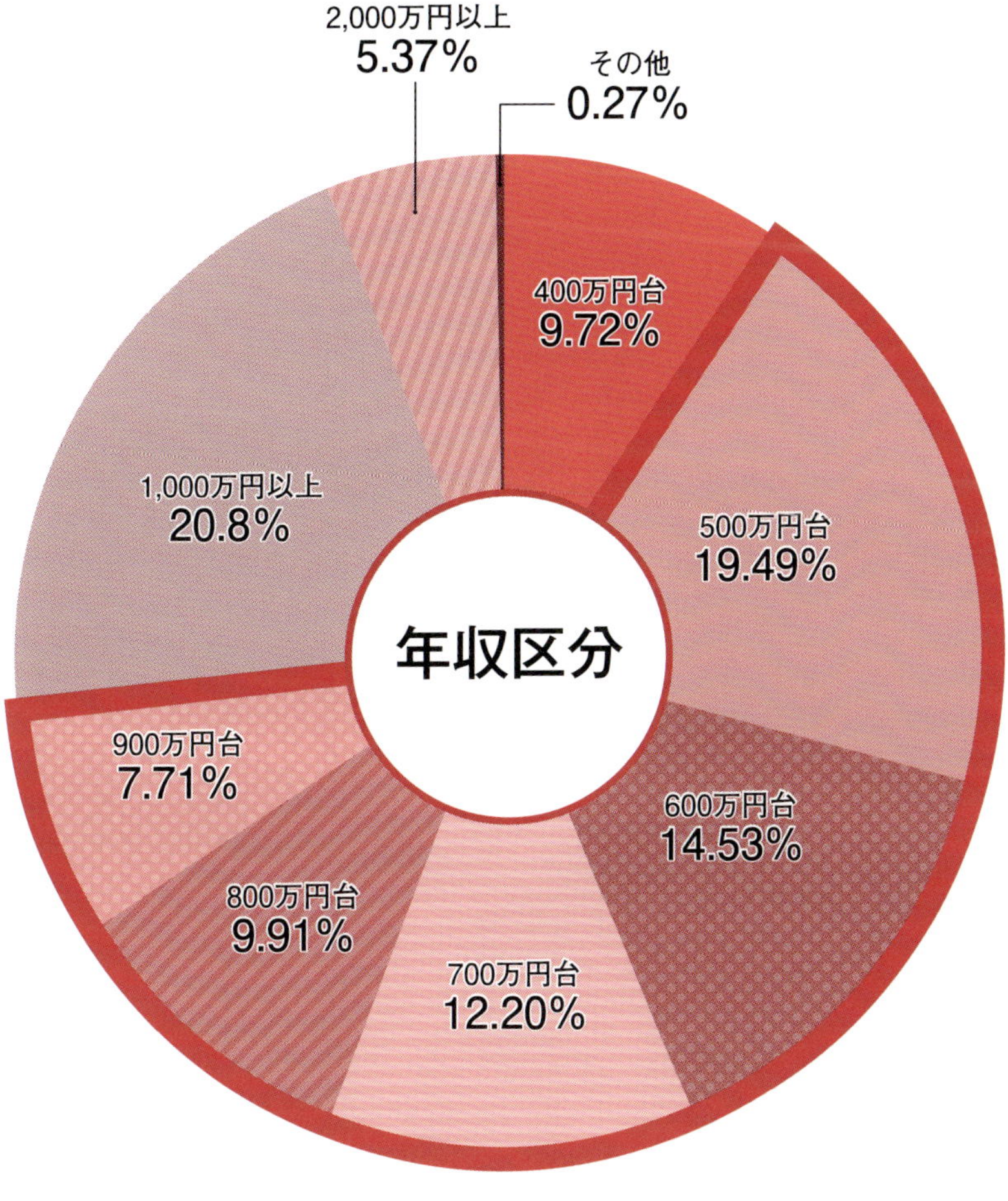

年収500万円台からの割合が高くなっています。
多くのサラリーマンの方がこの年収区分に当てはまるでしょう。

Q4 貯金がなくてもマンション経営はできる?

Answer

融資を使ってレバレッジを効かせる。しかも低金利で融資が受けられる

手持ち資金がなくても、すべてローンでまかなえる

たとえば、当社がおすすめしている新築デザイナーズマンションを購入する際、多額の資金が必要だと考える方もいるでしょう。でもご安心ください。多くの手持ち資金を用意する必要はありません。なぜならローンを組んで購入資金を用意できるからです。

好立地の新築デザイナーズマンションは金融機関からの評価が高く、「全額融資が受けられる」ので、頭金なしで購入できるケースがほとんどです。10年ほど前までは頭金として200～300万円を用意する必要がありましたが、近年はいわゆる100％ローンが可能になりました。

ただし、マンション購入時にかかる様々な諸費用は用意しておく必要があります。ちなみに当社のデザイナーズマンション1部屋（価格3000万円）を、頭金10万円、残り全額を35年ローンで組んだ場合の購入時にかかる諸費用は、「登記費用」「ローン事務手数料」「火災保険料」「固定資産税・都市計画税」「管理初期費用」などがあり、利用する金融機関や融資の内容によって異なりますが、約85万円ほどです。つまり、頭金と諸費用の合計95万円の資金さえあれば、マンション経営を始めることができるのです。

購入後は「固定資産税・都市計画税」などの経費を払う必要がありますが、オーナーには大きな負担はありません。なぜなら、毎月のローン返済は家賃収入でまかなえるからです。さらに最近は低金利で融資が受けられるので、毎月の家賃収入でローンを返済しても、現金が手元

【デザイナーズマンション購入時の諸費用】

- 物件価格 ……………… 3,000万円
- 頭金 …………………… 10万円
- 借入金 ………………… 2,990万円
- ローンの返済期間 …… 35年

購入時にかかる諸費用

- 登記費用
- ローン事務手数料
- 火災保険料
- 固定資産税・都市計画税
- 管理初期費用など

合計約**85**万円

頭金**10**万円＋諸費用**85**万円

合計**95**万円

95万円の資金が
用意できれば、
「デザイナーズマンション
経営」が始められます！

に残る場合もあります。手持ち資金がなくても、マンション経営ができる理由がここにあります。

自己資金が少なくても、多額の融資が受けられる理由

このように自己資金が少なくても、マンション経営はできますが、「なぜ、自己資金の少ないサラリーマンに金融機関は何千万円ものお金を貸してくれるのか」と疑問に思う方も多いのではないでしょうか。

金融機関は「借り手」だけに融資しているのではなく、不動産そのものに融資をしているのです。融資の名義は借り手なので、返済義務は借り手にありますが、金融機関は「借り手自身が返済する」だけでなく、「不動産の価値によって得られる利益で返済できる」ことも見越して融資をしてくれるのです。不動産は、価値が乱高下する可能性のある株やFXなどとは異なり、比較的安定した資産であるため、金融機関にとっては損をする可能性が低いのです。

効率的な投資法であるレバレッジ効果を活用

金融機関からの借り入れを利用し、自己資金の何倍もの投資を行うことを「レバレッジ効果」と言います。レバレッジとは「てこ」のことです。小さい力で大きなものを動かせる「てこの原理」を使って、少ない資金で大きな投資ができることを意味します。

レバレッジ効果は、投資額を自己資金で割った倍数で表されます。この値が大きいほど、少ない自己資金で効率的な投資ができることになります。左の図のようにマンションに投資する場合は36・1倍という高いレバレッジ効果を実現します。つまり、マンション経営は自己資金の30倍以上の投資ができる効率のいい投資であるということになります。

【　レバレッジ効果　】

マンションへ投資する場合

（物件価格 3,000万円、諸費用 85万円の場合）

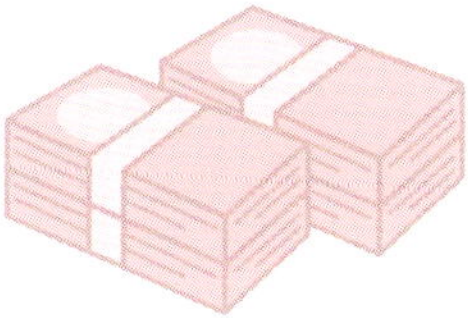

投資額
3,000万円
＋
85万円

÷

頭金　諸費用
10万円＋85万円
＝95万円

＝

レバレッジ **32** 倍

マンション経営は効率的な高レバレッジ投資

Q5 マンション経営を始めた方がいい理由は？

Answer

不動産は資産として残り、購入後、手間がかからない

マンション経営を始めた方がいい理由

マンション経営を始めた方がいい理由として、次のようなものがあります。

1つ目は、Q1の答えでも説明しましたが、「年金対策になる」ということです。マンション経営により毎月入ってくる家賃収入は、これから大幅に不足する公的年金を補ってくれます。

2つ目は、マンション経営は「生命保険代わり」になるということです。ローンを組んでマンションを購入した場合、購入者は必ず団体信用生命保険（以降、団信）に加入しなければなりません。この団信は、ローン返済中にあなたに万一のことがあっても、残ったローンは保険金で完済され、家族にはマンションと家賃収入が残されるという仕組みです。つまり、団信は生命保険の役割を果たしてくれるのです。一般的な生命保険に入っていれば、残された家族も安心とは限りません。一時的に保険金がおりても、配偶者や子どもたちの生活を支えきれないケースも考えられます。しかし、マンション経営なら、団信によって残された家族はマンションを無借金で相続でき、しかも安定した家賃収入が得られるので安心なのです。

3つ目は、マンション経営は「節税効果がある」投資であるということです。マンション経営でかかる費用の多くは、確定申告のときに経費として認められます。この経費の影響でマンション経営による所得がマイナスになった場合、年間の所得が減るので住民税も軽減されます。なお、マンション購入時（初年度）にかかる登

【マンション経営を始めた方がいい主な理由】

少額で資産を築けるので、
その結果、以下のような5つのメリットがある

年金対策になる

毎月、安定して入ってくる家賃収入が
不足する公的年金を補ってくれる

生命保険代わりになる

万一のときは借入金がゼロになり、家賃収入を得るか、
売却して現金収入を得られる

節税効果がある

確定申告時に経費を計上できるので
所得税などが節税できる効果がある

相続税対策になる

相続税の評価額が下がり、
相続税対策に効果を発揮する

購入後も手間がかからない

家賃の集金やクレーム対応などの
さまざまな管理業務を不動産会社に任せることができる

記費用などの費用も経費として認められるので、購入年は他の年よりも節税効果が大きくなります。しかし、翌年以降は経費が少なくなるので、節税効果は少し薄れることにご注意ください。

マンション経営は相続税対策にもなる

資産を形成した先に待ち受ける相続税についても、マンション経営は大きな効果を発揮します。相続財産を評価する場合、預貯金は額面がそのまま評価されてしまいますが、賃貸用不動産の場合、評価額は60％ほど削減されます。

また、1棟もののアパートやマンションは売却時に相続人全員の同意が必要なため、売りたい家族と売りたくない家族とで意見が分かれてしまい、トラブルの原因となりやすくなります。しかし、ワンルームマンションなら1戸ずつの所有になるので複数戸を保有すれば家族で分けやすいという利点もあります。売却して換金する必要が出たときでも都心のデザイナーズマンションであれば、人気も高く、早期に買い手が見つかりやすくなります。

マンション購入後も手間がかからない

マンションのオーナーになると、共用スペースの清掃、家賃の集金、契約の更新、新規の入居手続きなどのほか、入居者からのクレーム対応など様々な管理の手間が生じます。ただし、マンション経営には、そのような負担は不動産会社がすべて請け負ってくれるシステムがあります。つまり、オーナーは毎月の家賃収入が自分の口座に振り込まれているかどうかを確認するだけでいいのです。

また入居者がずっと決まらない場合はどうすればいいのか、という不安もあると思います。それも「サブリース契約」（132ページ）というサービスを利用すれば、入居者がいてもいなくても毎月決まった家賃収入を得ることができるので安心です。

用語集

【ミドルリスク・ミドルリターン】

「ハイリスク・ハイリターン」「ローリスク・ローリターン」の中間的な考え方で、投入した資金が還ってこない、あるいは投入した資金の元本が毀損される可能性（リスク）がある程度予想される一方で、投入資本に対する見返り（リターン）もある程度期待できることをいいます。

【管理費】

マンションやアパートの共用部分を管理・維持するために、区分所有者が負担する費用のこと。廊下・階段・駐車場・エレベーターなどの清掃・補修・保守点検料のほか、受付・連絡事務などの管理業務費用などに使用されます。

【レバレッジ】

本来は「てこ」を意味する言葉で、借り入れにより資金を調達することで、自己資金のみで投資を行う場合よりも大きな額の投資ができる効果のことを指します。不動産は民間金融機関のローン商品が充実していることにより、他の金融商品より高いレバレッジ効果を期待することができます。

【団体信用生命保険（団信）】

ローンを借りた人がローン返済中に死亡、または所定の高度障害状態になったときに、ローンの全残債額が償還される保険です。民間金融機関で住宅ローンを組む場合、ほとんどが強制加入となります。その保険料は金融機関負担であり、別途費用がかからずに万一の場合のローン返済資金が確保できるという点がメリットです。保険料は、実質的には支払金利に含まれている場合が一般的です。

まずは知っておきたい
不動産投資の基礎知識

第2章

不動産投資には、家賃収入が老後の備えになることのほかに、ローンを組む際に加入する「団信」が生命保険代わりになるなど、独自のメリットがあります。

また、投資をする上でよく耳にする「利回り」の意味や、資産価値が落ちにくい物件の特徴など、初心者だからこそ覚えておきたいポイントがあります。

第2章では、マンション経営を始める前に知っておきたい、これら不動産投資の基礎知識について川田社長にうかがいます。

Q6 不動産投資にはどんな種類がある？

Answer

１棟所有、区分所有のほか、J-REITなどがある

投資額が大きく、リスクとリターンも大きい１棟所有

投資用マンションを買う場合、大きく「１棟所有」と「区分所有」の２種類に分けられます。

１棟所有は、たとえば６階建てで１フロアに５部屋あるマンションなら、30部屋すべてを所有することをいいます。土地すべてと建物すべてを所有することになるので、当然、区分所有よりも投資金額が高くなります。たとえば、価格２５００万円の部屋を30部屋所有しようとすると、７億５０００万円もの高額な資金が必要となるので、一般的には資金調達は難しくなります。数億円のローンを組むためにはかなりの年収と資産が必要になるからです。

また、好立地で充実した設備や仕様を備える物件でも、１棟の中で空室になる部屋が同時に多く出る可能性があるので、空室リスクは高くなります。しかし、所有する部屋の数が多い分、家賃収入は多くなるので、１棟所有はハイリスク・ハイリターン型の投資と言えます。

投資額が少ないので、リスクも小さくなる区分所有

一方、区分所有は、マンションの１部屋を所有することをいいます。１０２号室はＡさん、３０５号室はＢさんというように、１棟の中に複数のオーナーが存在するわけです。

区分所有は１部屋だけ所有するので、１棟所有よりも投資金額が少なくて済みます。さらに空室リスクも所有している１部屋だけですので、ローリスク型の投資と言えます。

【1棟所有、区分所有の主な違い】

1棟所有

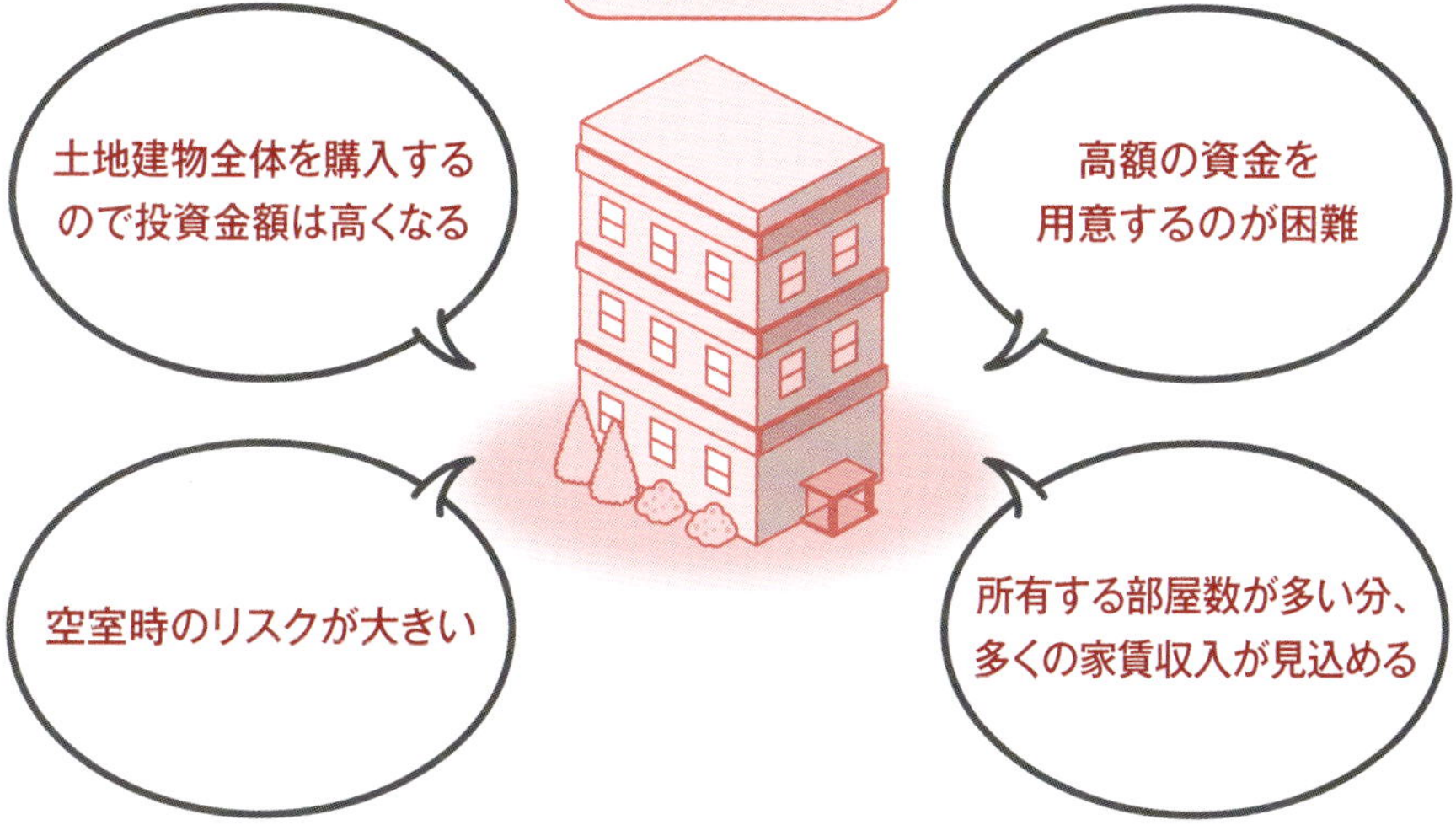
土地建物全体を購入するので投資金額は高くなる
高額の資金を用意するのが困難
空室時のリスクが大きい
所有する部屋数が多い分、多くの家賃収入が見込める

区分所有

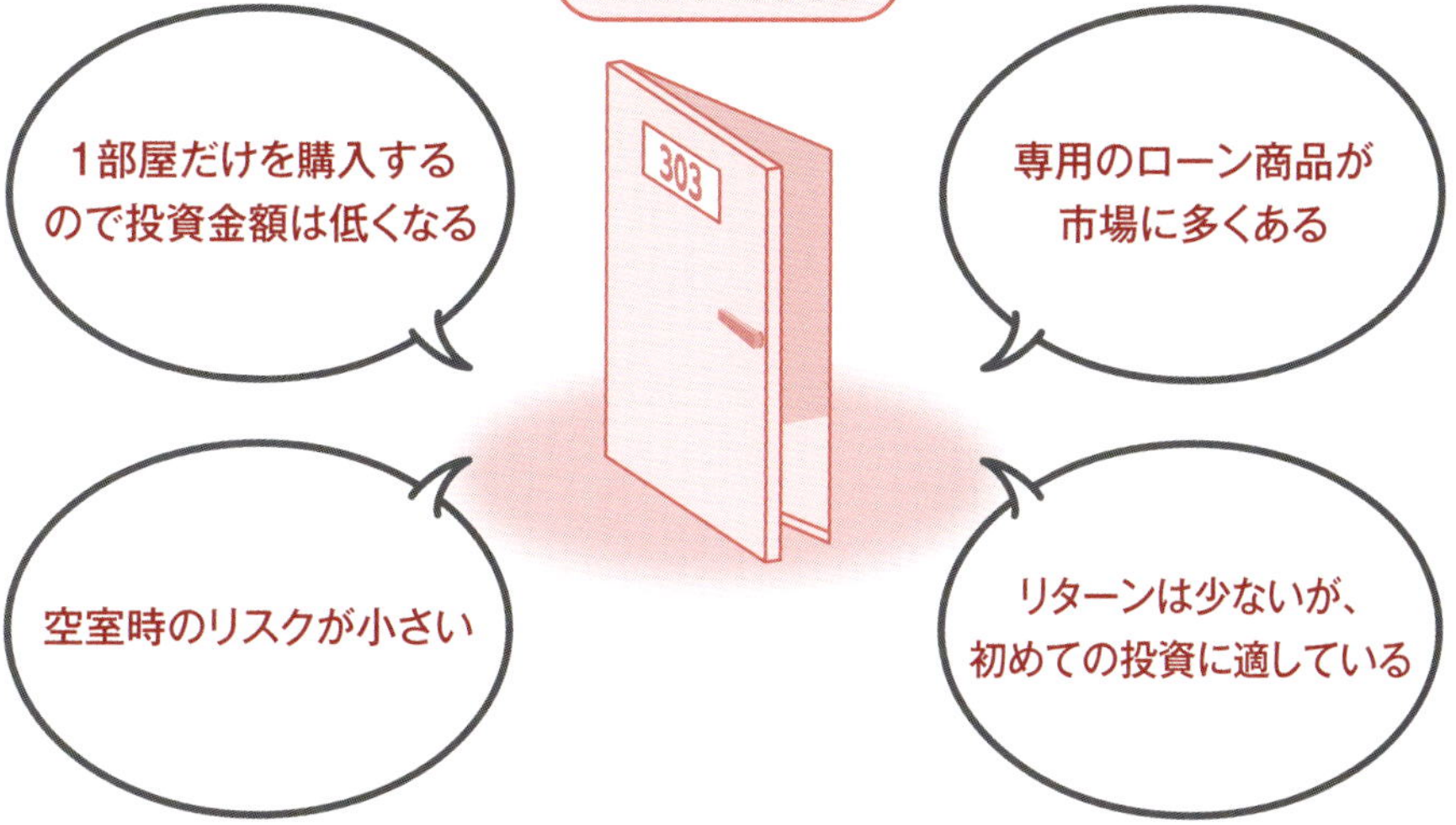
1部屋だけを購入するので投資金額は低くなる
303
専用のローン商品が市場に多くある
空室時のリスクが小さい
リターンは少ないが、初めての投資に適している

J－REITは、自分で物件を購入せずに投資できる方法

1棟所有、区分所有はいずれも自分で物件を購入するタイプの投資ですが、そのほかに物件を購入せずに投資ができる「J－REIT」(ジェイリート)という方法があります。

REITとは「不動産投資信託」という意味です。もともとは米国で開発された商品で、その日本版なので「J－REIT」と呼ばれています。

具体的には、資産運用会社が投資家から資金を集めてビルやマンションなどを購入し、その物件の家賃収入などから経費を差し引いた収益を投資家に分配する投資商品です。毎月家賃が入るタイプの不動産投資と違い、J－REITの分配金は年2回の決算期の利益に応じて配られます。

J－REITは、10万円前後から投資することができます。不動産を自分で購入するタイプに比べてはるかに少ない金額で投資ができるという魅力がありますが、実際に不動産のオーナーになるのとは異なる側面を持っています。

その1つは、J－REITは証券取引所に上場している証券であるという点です。市場で株と同じように売買できるようになっており、株と同じように価格が上下します。

また、投資する物件はすべてJ－REITの資産運用会社が決定することになっているので、投資家が自分で物件を選ぶことはできません。

このようにJ－REITは手軽に不動産に投資することができるというメリットがあるものの、市場の需給関係で価格が動くため、安定性に欠ける投資法と言えます。

【J-REITの仕組み】

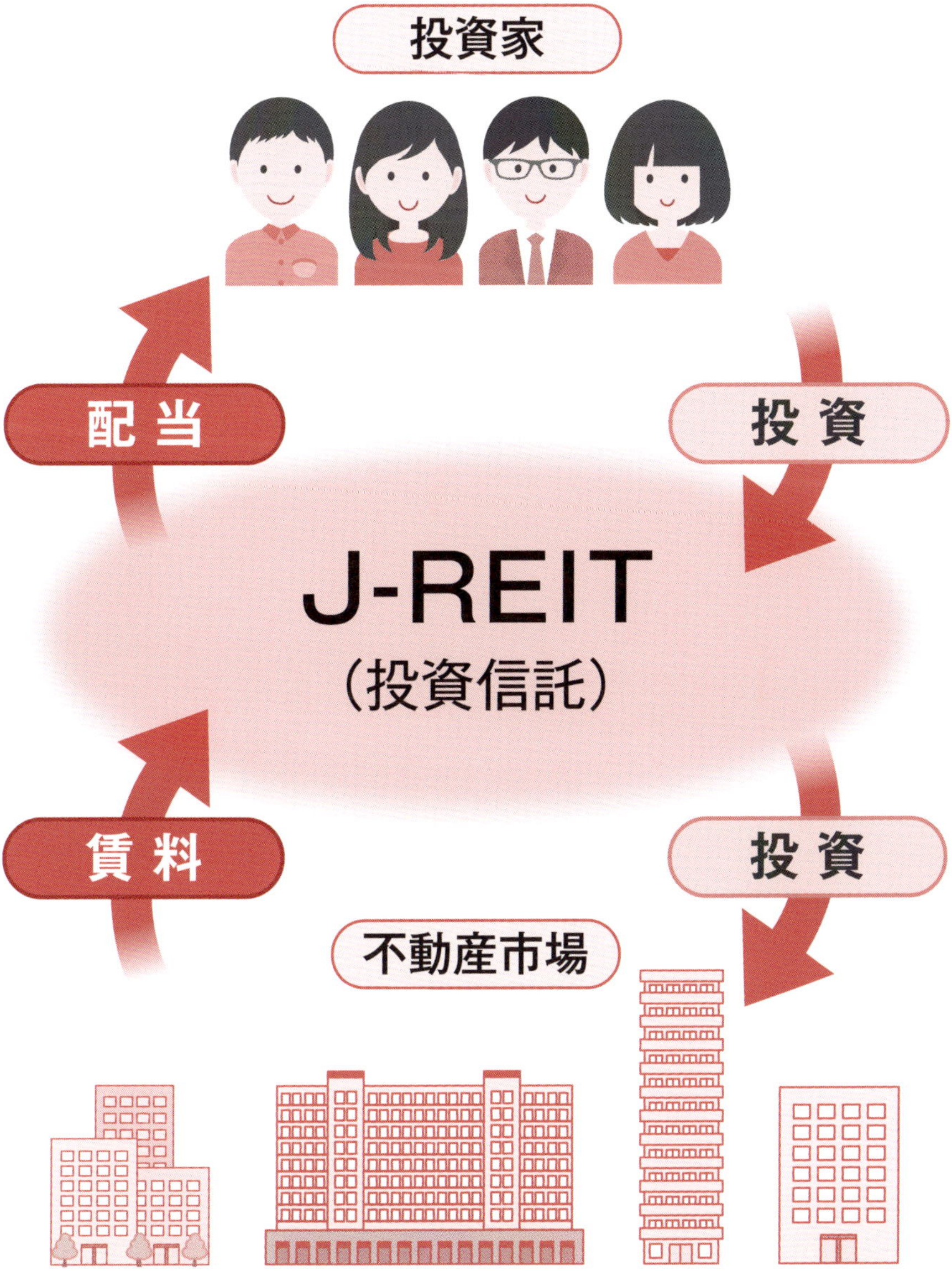
投資家
配当
投資
J-REIT
（投資信託）
賃料
投資
不動産市場

Q7 不動産投資にはどんなメリットがある？

Answer

家賃収入、売却時の利益、生命保険の代わり、などがある

安定した現金収入となるインカムゲイン

不動産投資のメリットとして、まず毎月受け取れる家賃収入が挙げられます。これは「インカムゲイン」といわれ、保有する資産から安定的・継続的に受け取れる利益を指します。インカムゲインが得られるほかの資産の例としては、銀行預金の利息や、投資信託の収益分配金、株主が企業から受け取る配当金などがあります。

インカムゲインによる1回あたりの収入金額は大きくないかもしれませんが、家賃収入のように毎月決まった金額を長期にわたって継続的に得ることができます。

また、家賃は物件価格ほど変動が激しくないため、収入が比較的安定していますし、老後の年金を補う収入にもなります。これから不動産投資を始める方には、まずはインカムゲインを目的とした投資がおすすめです。

売却時の差額で利益を得るキャピタルゲイン

2つ目のメリットとして、所有する不動産を売却することで得られる売却収益があります。これは「キャピタルゲイン」といわれ、所有する資産を売却し、価格が購入時よりも上がったことで得られる収益を指します。マンションであれば、たとえば3000万円で購入したワンルームマンションが後に3600万円で売却できれば差額の600万円がキャピタルゲインとなります。不動産投資は安定したインカムゲインを得られる一方で、キャピタルゲインを得ら

【インカムゲインとキャピタルゲインの仕組み】

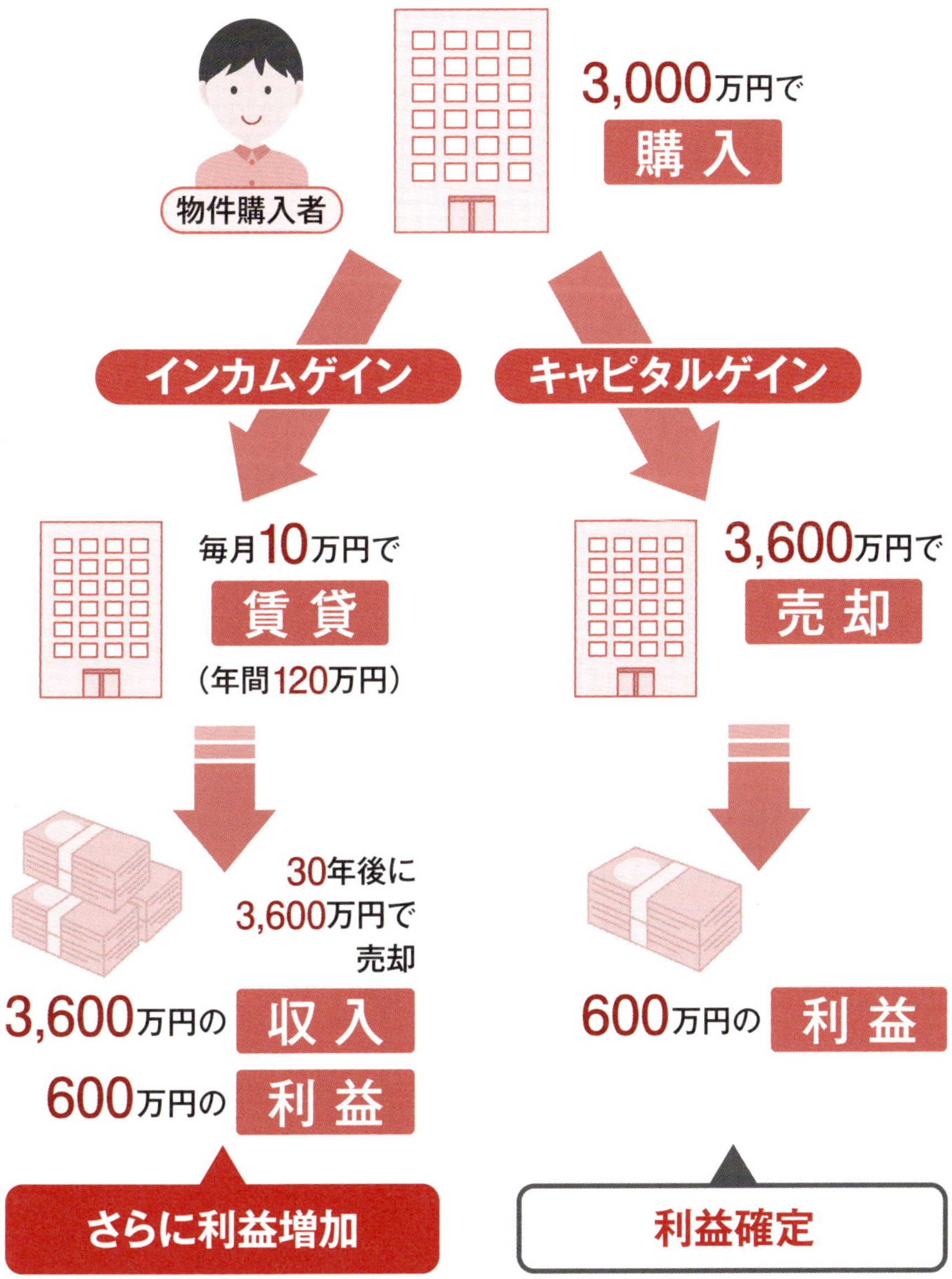

れる可能性もあるのです。

団体信用保険が生命保険代わりになる

3つ目のメリットとして、マンション経営は「生命保険の代わりになる」という点が挙げられます。ローンを組んでマンションを購入する場合、金融機関の指定する団体信用生命保険(以後、団信　※詳細は140ページ)に入る必要がありますが、この団信に加入していれば、借り入れをしていた方に万一のことがあっても、残された家族がローンを引き継ぐ必要はありません。ローンの残債は団信で帳消しになり、債務がゼロになります。つまり、残された家族にローンのないマンションと月々の家賃収入を残してあげられるというわけです。

また、残されたマンションは売却して現金化することもできるので、その売却金額が、一般の生命保険でいう保険金の代わりになります。もちろん売却せず、家賃収入を毎月受け取ることもできます。

いずれにせよ、マンション経営をすることで、万一のときにも家族に大きな資産を残すことができるという大きなメリットがあります。

わずかな自己資金で高い利回りが期待できる

このほかにマンション経営のメリットとして、ほかの金融商品と比べて「高い利回りが期待できる」という点が挙げられます。

投資用マンションの利回りは一般的に3~4%です。マンション経営を始めれば、この高い利回りを期待できる資産をわずかな自己資金でローンを使って購入することができます。それに対して、株などの金融商品はローンを使って買うことができません。ここが大きな違いです。

わずかな自己資金で始められるマンション経営には、このようなさまざまなメリットがあるのです。

【団体信用生命保険（団信）の仕組み】

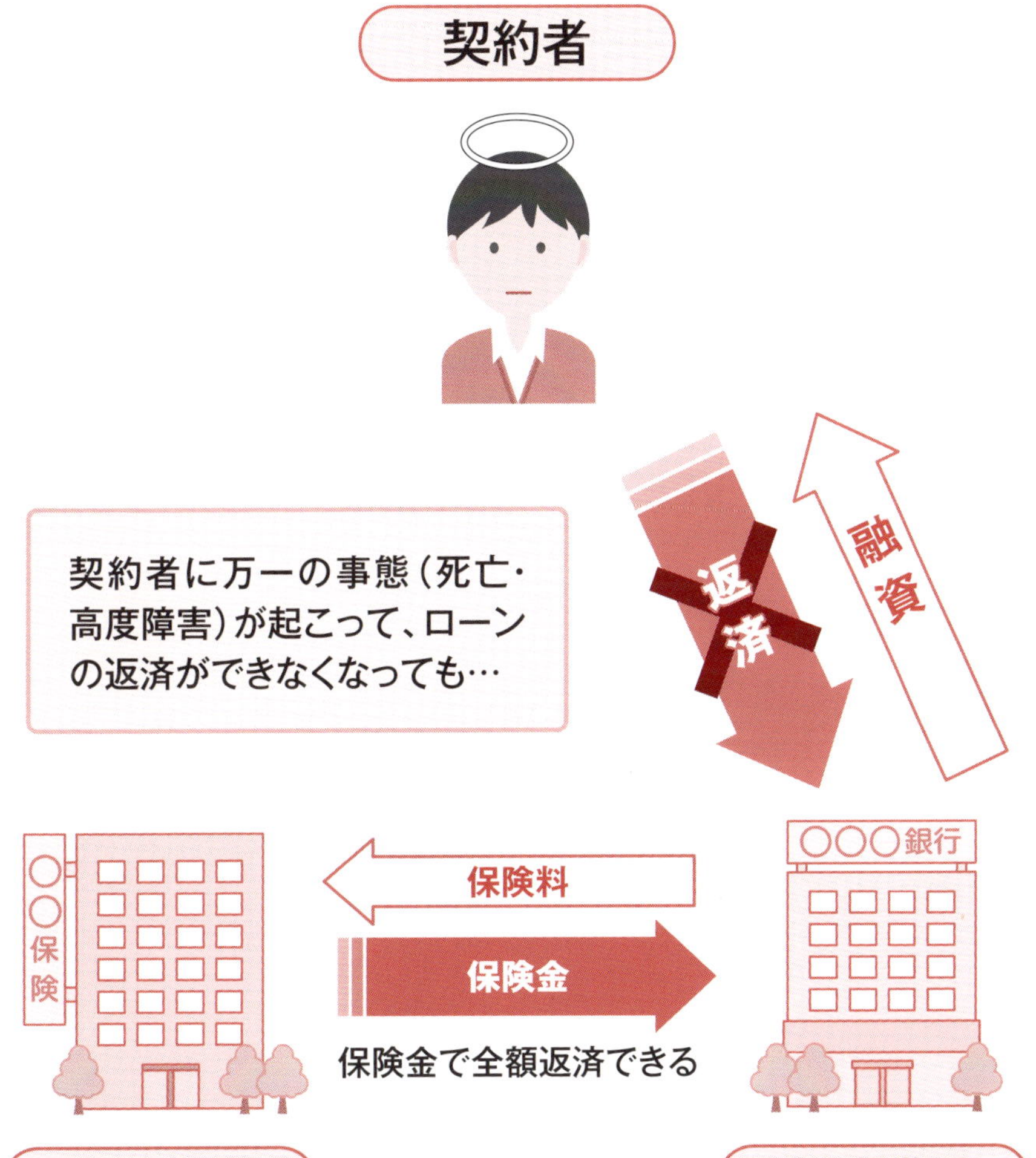

Q8 よく聞く利回りの意味は？

Answer

利回りには「表面利回り」と「実質利回り」がある

表面利回りと実質利回りの計算方法

利回りとは、投資した額に対する収益の割合のことです。一般に1年間に投資した額に対して1年間にどれくらいの収益があるかを示す年利回りを指します。

利回りがおおよそどれくらいになるかは、次のような計算式で求めることができます。

年間賃料÷物件価格×100＝利回り

たとえば、3000万円の物件で家賃が10万円だったとしましょう。計算式にあてはめると、10万円×12カ月÷3000万円×100＝4・0%で、利回りは4・0%ということになります。

おおよその利回りはこの計算でわかりますが、マンションを所有すると管理費などの経費がかかるので、その経費を含めて計算すると、実際の利回りがわかります。

この実際の利回りを「実質利回り」といい、先ほどのおおよその利回りを「表面利回り」といいます。実質利回りは次のような計算式で求めます。

まず、年間の経費を計算します。

管理費＋修繕費＋管理手数料（12カ月分）＝年間の経費

次に実質利回りを計算します。

（年間賃料－年間の経費）÷物件価格×100＝実質利回りとなります。先ほどの例で年間の経費が24万円だった場合、

（10万円×12カ月－24万円）÷3000万円×100＝3・2%となり、表面利回りよりも0・8%低い数値になります。

【表面利回りと実質利回りの計算方法】

表面利回り

 ÷  × 100 ＝ 表面利回り

年間賃料　　物件価格

物件価格 3,000万円　家賃 10万円 の場合

10万円×12カ月÷3,000万円×100＝表面利回り 4.0%

実質利回り

（ − 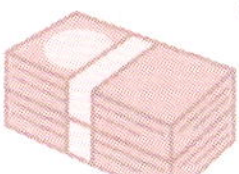）÷  ×100＝実質利回り

年間賃料　　年間の経費　　物件価格

物件価格 3,000万円　家賃 10万円　年間の経費 24万円 の場合

（10万円×12カ月－24万円）÷3,000万円×100

＝実質利回り 3.2%

Q9 資産価値の下がらない場所や立地はある？

Answer

東京都心など、人気があり、利便性に優れたエリアがそうです

単身者の人口増加で、住居用マンションが不足

厚生労働省の国立社会保障・人口問題研究所の調査に、今後も東京都心部の人口は増加傾向で推移するというデータがあります。オフィスや大学などの都心回帰がさらに進むと見込まれることや、欧米並みの水準になってきた離婚率、晩婚化により、単身者の人口は今後も増え続けることが予想されます。

東京都内の人口は２０１５（平成27）年時点で１３００万人を超え、そのうちの約4割を超える３１６万人が単身者です。中でも若年労働者の居住となる30㎡以下の民間借家の戸数が足りていないのが現状です。今後も増え続けると予測されている東京都の単身世帯ですが、彼らが入居できるマンションは推定で80万戸程度といわれ、人口に対して圧倒的に不足しているという現状があります。

需要が見込まれる東京は資産価値が下がらない

人は住むところを必要としますので、人口が増え続ける東京の物件はそれだけ需要が増え、資産価値は高まります。

しかし、東京であればどこでもいいとは限りません。東京の中でも地域差があります。たとえば、品川区や港区は多くの大手企業が本社を置いているため、マンション需要が多く、高い入居率が期待できる地域です。

そのほか、東京都心部と同じように人口が増えている川崎、横浜などのビッグターミナルエ

【東京都の人口と単身世帯】

人口 13,515,271人

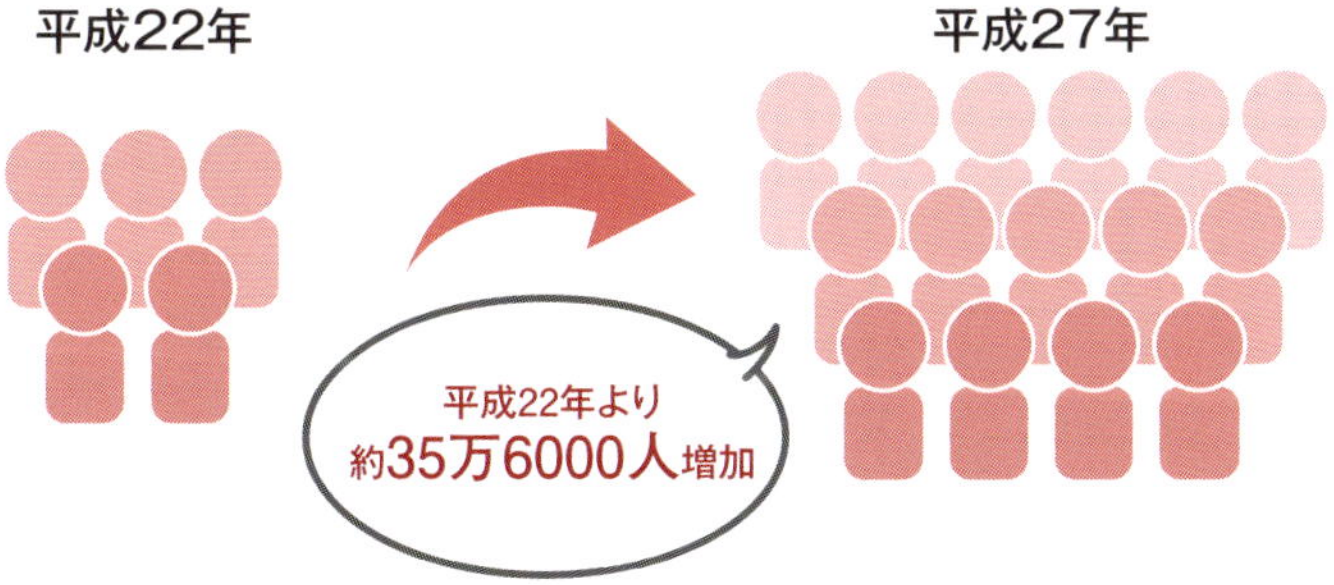

総世帯 6,701,122世帯

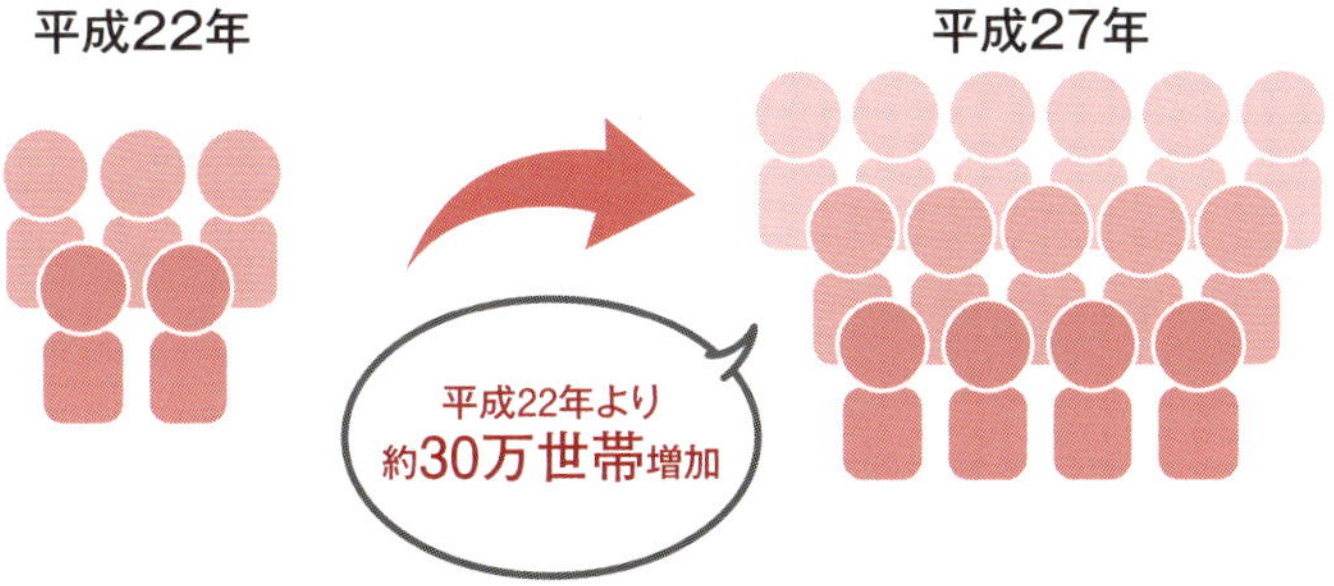

単身世帯 3,164,675世帯

出典：平成27年国勢調査人口等基本集計結果概要より

リアも資産価値が下がらない、狙い目の立地であると言えるでしょう。

資産価値が下がらないエリアの条件とは

不動産の資産価値は「利用価値があるかどうか」で決まります。利用価値の高いエリアであれば、土地の価格とともに物件の価格も上がるので、結果的に資産価値が下がる可能性は低くなります。それにはどのような条件が必要なのか、具体的に見てみましょう。

まずは、交通の利便性です。物件が最寄り駅まで徒歩10分以内であることはもちろん、最寄り駅が急行や快速が停車する駅であることが理想です。また、複数の路線が利用できるターミナル駅へのアクセスがよいほど利便性が高まり、居住者にとっては大きなメリットとなります。この利便性のよさは通勤、買い物や旅行など、あらゆる目的に対応できるため、物件の価値を決める要素として最も重要視されるポイントと言えます。

次に必要とされるのが、生活利便性です。近くに大きなスーパーやコンビニなどがあって買い物に困らない、飲食店が多いなど、普段の生活をスムーズに送れる施設が揃っているとそのエリアの価値が高まり、物件の資産価値も高くなります。

さらに重視されるのが居住快適性です。公園や街路樹などの緑に恵まれている、文化・娯楽を楽しめる施設があるなど、生活を豊かにしてくれる施設があるエリアであることが重要です。同じエリアであれば周辺環境の快適性が高い物件が選ばれやすくなります。

最後に忘れないでおきたいのが安全性です。地盤が柔らかく災害時に不安がある、低地のため水害が心配、といった物件は資産価値が下がる可能性があるので、そのエリアの情報を事前にチェックすることが大切です。

【資産価値が下がらないエリアの条件】

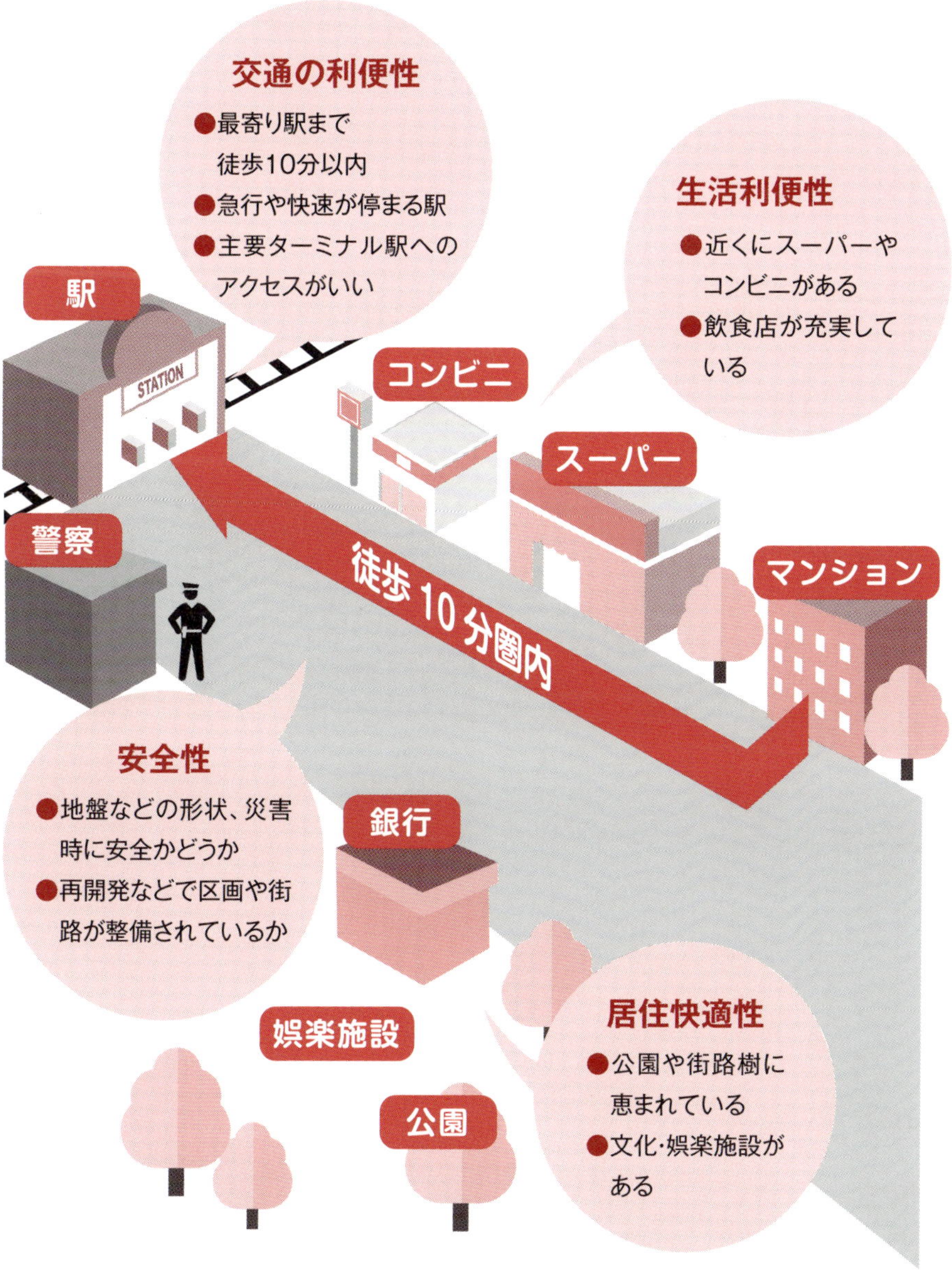
交通の利便性
●最寄り駅まで
徒歩10分以内
●急行や快速が停まる駅
●主要ターミナル駅への
アクセスがいい
生活利便性
●近くにスーパーや
コンビニがある
●飲食店が充実して
いる
駅
STATION
コンビニ
スーパー
警察
徒歩10分圏内
マンション
安全性
●地盤などの形状、災害
時に安全かどうか
●再開発などで区画や街
路が整備されているか
銀行
娯楽施設
公園
居住快適性
●公園や街路樹に
恵まれている
●文化･娯楽施設が
ある

Q10 初心者はどんな物件に投資すればいい？

Answer

キーワードは「ワンルーム」「立地」「新築」「デザイナーズ」

単身者人口の増加で需要が高まるワンルーム

初心者はどんな物件に投資すればいいのかという質問に対しては、まずは東京都心のワンルームマンションをおすすめします。なぜなら、東京の単身者人口が増えていく中で、単身者用のワンルームマンションの需要がさらに高まっていくことが予想されるからです。

東京都心の中でも特に人気の高い区の駅近や、利便性に優れ住環境にも恵まれた好立地にあるワンルームマンションには入居者が集中するので、空室リスクも低くなります。

また、ワンルームマンションは自己資金が少なくても購入できます。さらに、購入後の管理も手間がかからないので、初めて不動産投資をする人にとっておすすめです。

高い需要が見込める「立地」、駅から徒歩10分以内が鉄則

次に初心者の方におすすめしたいのが、高い需要が見込める「立地」の物件を買うことです。これは自分が入居する物件を探すときを想像してみれば、わかりやすいと思います。駅近くのにぎやかなエリアよりも、駅から離れた落ち着いて暮らせるエリアを好む方もいらっしゃいますが、ワンルームマンションでは駅から近い物件の方が、入居者の需要は高くなります。

では、駅からどのくらいの距離が理想なのでしょうか。目安になるのは「徒歩10分」以内です。不動産業界では移動に必要な時間を計算する場合、80メートルを徒歩1分としますので、徒歩

はじめてマンション経営をするときのポイント

ワンルーム

単身者用の物件が不足しているので、
人気エリアは**空室リスクが低い**

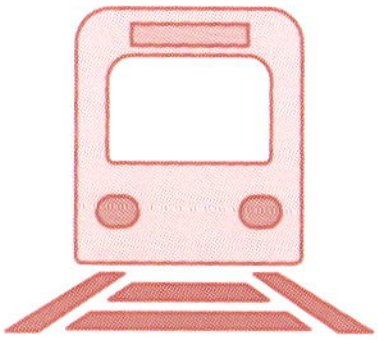

立地

駅近の物件は入居者の需要が高くなる
駅から**徒歩10分以内**が理想

新築

誰も住んだことのない新築は入居者の印象に
好影響をもたらす

デザイナーズ

より快適な空間を実現したつくりは
エリア周辺の競合物件と**差別化**ができる

10分は800メートルになります。

立地については、「駅から800メートル」という物理的な距離よりも、「駅から歩いて10分かからない」と「駅から10分以上かかる」との印象の違いが入居者の心理に大きな影響を与えます。

実際、徒歩8分の物件と徒歩13分の物件では、入居者の集まりやすさに大きな差が出てきます。自分が入居する物件を探すとき、駅からの距離を考慮するのと同じで、投資用の物件を選ぶときでも、入居者の心理を考慮し、必ず「駅近」物件を選ぶのが基本です。

駅近立地に加えて、新築ならではの優位性

次は、新築物件を選ぶことです。築年数が浅いほど入居者が入りやすくなりますが、新築であることは入居者の印象を大きく変え、特別な感情をもたらします。

また、新築物件は売主の物件に対するアフターサービスが充実しているのも魅力です。

周辺物件との競争力を持つデザイナーズマンション

ここまで物件購入に際して「ワンルーム」「立地」「新築」がいかに大事かをお伝えしました。新築のワンルームマンションは駅近立地に集中しています。ここでポイントになるのは、同じタイプの物件が競合するエリアでどう差別化を図っていくかということです。

ここで重要なのが「周辺物件との競争力」、つまり入居者から選ばれる力を持っているかどうかです。この力を圧倒的に持っているのがデザイナーズマンションなのです。

既存の概念通りにつくられているマンションと違い、デザイナーズマンションは高級素材を使った床や壁、キッチンに至るまで、「入居者がより快適に住める空間を実現する」という哲学が反映されたつくりになっています。

このこだわりによって入居者からの「快適な空間に住みたい」というニーズに応えることができるのです。

用語集

【1棟所有】

マンションの土地及び建物全体を所有することです。


【区分所有】

マンションの1部屋など、建物の一部を所有することです。居室などの専有部分とエントランスや廊下などの共用部分に分かれます。


【REIT】

「不動産投資信託」のことで、資産運用会社が投資家から資金を集めてビルやマンションなどを購入し、その物件から得られた収益を投資家に分配する投資商品です。投資家はそのREITに出資するだけで、不動産のオーナーになるわけではありません。


【インカムゲイン】

投資の世界でいう現金収入のことで、資産を手放さずに安定的・継続的に得られる収入です。マンション経営の場合は家賃収入を指します。また、株式投資の場合では配当金、預貯金では受取利子（利息収入）、投資信託では収益分配金などがこれに該当します。


【キャピタルゲイン】

不動産などの資産を売却した際に元の資本（購入価格）より多く得られる差益のこと。値上がり益、売却益、譲渡益ともいいます。反対に、元の資本（購入価格）より値下がりして売却し、損失が出た場合のことをキャピタルロス（譲渡損失）といいます。


【利回り】

投資元本に対する収入の割合を指します。一般的に使われる利回りとは、購入価格に対する年間賃料の割合で「表面利回り」といわれることもあります。不動産投資の世界では、ほかにも次のような利回りの種類があります。物件の維持費を考慮して計算する、物件に投じた金額の年間家賃収入での回収率「実質利回り」や周辺の家賃相場で物件が満室になった前提で計算された不動産会社が提示する「想定利回り」などです。

買う前に知っておくべき
購入資金とローンの知識

第3章

サラリーマンがマンション経営を始めるためには、金融機関でローンを組むことが大前提です。そのためには、年齢や勤続年数、年収など様々な点から審査を受けることになります。

また、ローンには固定金利や変動金利があり、融資を受ける金融機関によって投資用のローンの詳細が変わってきます。

第3章では、不動産の購入資金の調達方法とローンを組む際に知っておきたい基本的な内容について、川田社長に教えていただきます。

Q11 購入資金はどうやって準備すればいい？

Answer

自己資金を使わなくても 100%ローンで購入可能

多くの金融機関が投資用住宅ローンを用意

投資用マンションを購入する場合、以前は自己資金を10％、金融機関によっては30％ほど必要とする時代がありました。しかし、現在は多くの金融機関で、頭金なしで100％の融資をしてくれるローン商品を増やしています。そのため、以前はマンション経営に手が出なかった方でも、参入しやすくなりました。

もちろん、手元に十分な資金があり、現金でマンションを買う方もいます。このようなケースのほとんどは、ご家族への相続を見据えたものです。現金よりも賃貸用不動産を相続する方が納める税金が6〜7割ほど安くなるからです。

しかし、多くの方は30〜40代でローンを組んでマンションを購入されます。

マイホームを購入する場合は、100万円でも多く頭金を入れた方がいいと考えている方が多いようですが、投資用物件の場合は考え方が異なります。

自己資金は多くなくてもよい

マンション経営のメリットの1つに、購入資金は金融機関から融資を受けられるという点があります。これは、自己資金を使わなくても他人の資本で資産形成ができることを意味します。

毎月の返済は家賃収入からまかなうので、収支が大きくマイナスにならなければ自己資金は多くなくても資産形成ができるのです。

100％ローンを組んでマンション経営を行

【頭金で変わる 毎月かかる費用のシミュレーション例】

価格 3,000万円　賃料 10万円　年間賃料 120万円　利回り 4.0%

全額住宅ローンで購入した場合

（自己資金0円、ローン金額3,000万円、ローン年数35年、金利1.65%、月々支払額9万4,075円で算出）

家賃収入	+100,000円
ローン支払い	−94,075円
管理費	−7,710円
修繕費	−1,600円
サブリース手数料	−10,000円
収支	**−13,385円**

自己資金を5%用意した場合

（自己資金150万円、ローン金額2,850万円、ローン年数35年、金利1.65%、月々支払額8万9,371円で算出）

家賃収入	+100,000円
ローン支払い	−89,371円
管理費	−7,710円
修繕費	−1,600円
サブリース手数料	−10,000円
収支	**−8,681円**

自己資金を10%用意した場合

（自己資金300万円、ローン金額2,700万円、ローン年数35年、金利1.65%、月々支払額8万4,667円で算出）

家賃収入	+100,000円
ローン支払い	−84,667円
管理費	−7,710円
修繕費	−1,600円
サブリース手数料	−10,000円
収支	**−3,977円**

う方が多いのは、こうした考えからなのです。

融資を受ける金融機関は不動産業者から紹介してもらえる

ローンを利用する際に知っておくべきことについてお伝えします。投資用マンションを購入するためのローンは以下の2つです。

①販売元の不動産業者による「提携ローン」

②購入者が独自に金融機関に相談するローン

提携ローンとは、販売元の不動産業者と金融機関が提携してローン商品を購入者に提供するもので様々なメリットがあります。

一般的に、金融機関が不動産へ融資をする場合、物件に対する審査と借り入れをする個人への審査の2つを行います。

提携ローンを利用する1つ目のメリットは、不動産業者が物件を売り出す際、すでに物件の審査は終えているため、その物件は融資が受けられる確証が得られていることです。したがって、ローンを組む方がご自身で物件の謄本や図面、周辺資料などの資料を揃えて金融機関に融資を受けられる物件なのかどうかを確認する必要がありません。大きな手間が減ります。

2つ目のメリットは、融資の手続きが簡略化されることです。一般に、ローンを組む個人の審査では、収入証明書や身分証明書などの必要書類を提出し、場合によっては追加書類の徴収があったり、内容説明に出向かなくてはなりません。しかし、提携ローンの場合、不動産業者がこれを代行してくれるため、わざわざ金融機関の窓口に出向く必要がなくなります。

そして、提携ローン最大のメリットは、融資を受ける際の金利が安くなることです。いくつかの金融機関が公表している金利は3・0％、3・50％、3・90％といったものです。これに対し、当社の提携ローンの金利は1・65％、1・70％、1・95％と、半分くらいです。ローンを組むに当たってどちらが有利かは一目瞭然です。

提携ローンを組む際に注意すべき点

では、提携ローンならばどれでもいいのかというと、注意すべき点もあります。

それは不動産業者によって提携している金融機関が異なることです。１つだけの金融機関と提携している不動産業者もあれば、10程度の金融機関と提携している不動産業者もあります。安い金利を採用している金融機関を利用したくても、その不動産業者と提携していなければ利用することができません。

また、購入する物件から遠方に住んでいる方でも利用できる金融機関があったとしても、その金融機関と不動産業者が提携していなければ利用できないこともあります。

不動産投資では、物件の選定と同じく金融機関の選定も重要です。購入を検討する際には不動産業者によく相談しましょう。

自己資金を使ってマンションを購入する場合

先に、提携ローンの利点と全額ローンを利用する利点についてお伝えしましたが、自己資金を併用する場合にもメリットがあることをお伝えしましょう。

30年、35年の長期ローンであれば、全額ローンで購入しても月々の収支が大きく悪化することはありません。しかし、物件価格が高額のとき、金融機関の定める年齢制限により長期のローンが組めないときなどは自己資金を入れることで毎月の収支が改善されます。

具体的な数値として、金利が１・９％の場合、１００万円あたりの返済額は30年３６４６円、25年４１９０円です。

たとえば25年ローンで、毎月の収支が１万円のマイナスであれば、自己資金を２５０万円入れることで、収支はプラスマイナスゼロになります。高額物件、短期ローンの対策はやはり自己資金で解決するのがベストです。

Q12 融資を受けるために必要な条件とは？

Answer

金融機関により異なります。具体的な例を挙げてお答えします

重要視されるのは、個人の信用力

マンション購入のための投資用住宅ローンは、一般の居住用住宅ローンと基本的な仕組みはほとんど同じです。

そもそもローンは、購入対象となる不動産を担保にして、信用ある個人にお金を貸し出すものです。ですから、融資を受ける際には購入者自身の信用力が重要視されます。

不動産の融資の審査は、その物件の構造、仕様、立地、駅からの距離、設定されている家賃の額、販売価格などを総合的に判断し、お金を貸し出す担保として充分かを評価しています。

では、個人の信用力とはどういうものでしょうか？　この場合の個人の信用力とは、勤務先での肩書きや人物像、仕事の実績ではありません。具体的な勤務先、年収、年齢、家族構成など、客観的な事実を基に評価されます。

個人の信用力を測るものさしの1つが年収

個人の信用力を測る条件の1つに、年収が挙げられます。マンション経営は家賃収入を原資にローンを返済することが基本的な流れですが、万一、家賃収入が途絶えてしまった場合、お金を貸し出した金融機関としては毎月の返済がストップすることがリスクとなります。そのため、仮に家賃収入が途絶えても一定以上の年収がある方であれば、ローンの返済も可能であろうという考えがあるため、年収が重要な要素になるのです。

年収制限は最低でも400万円以上

一昔前は、マンション購入の融資を受けるための最低年収は500万～700万円が当たり前でした。不動産に投資するのは一定の富裕層が儲けを得るためのものであり、リスクの高い商品だったからです。

しかし昨今は、マンションの耐震性能は上がり、単身者層が増加している時代背景もあり、状況は変わってきました。将来の年金を不安視している方が多いからこそ、時代とともに投資用不動産の商品性は底上げされ、マンション経営は広く一般に普及している状態にあります。そのため、多くの金融機関が参入し、年収制限も緩和されてきていると考えられます。

とはいえ、一番ハードルが低い金融機関でも最低400万円以上の年収が必要です。年収は、サラリーマンの方であれば年末年始に勤務先から配られる源泉徴収票に記載されていますので確認してみてください。

年齢も大きな要素に。若ければ若いほど有利

多くの金融機関は借り入れ可能な年齢制限を設けており、ローン開始時年齢は20歳から、最終返済年齢は80歳に到達するまでと定めています。また、最長借り入れ年数はほとんどが35年となっているため、計算上は44歳までなら35年のローンを組めることになります。

実際の日常生活にあてはめて考えてみると、多くの企業で定年の年齢を60歳前後に据えています。マンション経営は基本的に家賃収入でローンを返済していきますから、ご自身が働いているかいないかは直接関係ありませんが、万一、家賃収入が途絶えたらどうなるでしょうか？　一時的とはいえローンの返済は重荷になるでしょう。さらに年金支給の年齢を考えると、現在の制度では年金支給開始は65歳からですから、ローンの返済終了がここから大きく遅れるようではマンション経営の目的の1つである年金対策にはなり得ません。

このことからマンション経営は早く始めるのが有利であることがおわかりいただけると思います。

勤務先と職種も重要な指標となる

年収や年齢と同じく、勤務先の信用度と借りる方の職種も融資の重要な判断基準になります。大雑把に言えば、老舗の上場企業に長くお勤めの方と、設立1年の会社でアルバイトで働く方とでは、長く安定して収入を得られる可能性が高いのはどちらでしょうか？　答えは明白ですね。前述した金融機関のリスク回避と同じ理由です。

さらに、借りる方を強く後押しするのが職種と公的資格です。その業界のエキスパート資格をお持ちの方はローンを組む際にも有利に働くことがあります。

残念ながらこれまで勤めていた会社が倒産してしまい転職を余儀なくされた方は、保有資格の有無がそのまま再就職に影響しますし、給与にも影響します。

専門性の高い公的資格は日常生活だけでなく、投資用住宅ローンの審査にも影響をおよぼすのです。

自営業者は確定申告時の実際の所得が重要に

一方、働き方で注意しなければならないのが、会社員であるか、自営業であるか、です。

自営業の方は概ね一人で責任を負い、社会的に見れば立派な経営者です。しかし、ローンの対象となる安定収入という面から見ると、残念ながら安泰とは言えない方がいるのも事実です。

本業の収入は立派でありながら、仕入原価や経費が嵩んでいて、確定申告において実収入である所得が低い方を多く見受けます。金融機関の審査基準はこの所得であり、安定性です。

自営業の方がマンション経営をしたいと思い立っても、すぐに始められない実情がここにあります。

健康であることもローンを組むには大事な要素

投資用ローンには金融機関が加入を必須とする「団体信用生命保険」（団信）が付随しています。借り入れした方が万一の事態となった場合、この保険でローンの残債をすべて返済する仕組みの保険です。

金融機関により保険会社は異なりますが、いずれも加入時の健康状態を自己申告することになります。

告知事項の例として「心筋梗塞」「心臓病」「高血圧症」「潰瘍性の病気」「がん」「糖尿病」「肝機能障害」「うつ病」「視力・聴力・言語に著しい障害がある」など、他にも多数あります。

これらに該当する方や過去に患った経験がある方は、最悪の場合、団信への加入を断られ、ローンの借り入れができない場合があります。日頃から健康に留意する必要があります。

住んでいる地域も見逃せないポイント

最後に覚えておきたい条件として、住んでいる地域によって融資が受けられる金融機関が変わってくる点が挙げられます。

金融機関はその物件を担保に取っているため、目の届く範囲にある物件にしか融資しないというスタンスの金融機関があるのです。

もしくは、お金を貸しているのは人間なので、金融機関の目の届く範囲にいる人にしかお金を貸さないというケースもあります。

注意したいのが、関東以外の地方にお住まいの方が都内のワンルームマンションを購入する場合です。離れた場所にお住まいの方には融資をしない金融機関もあり、融資はしても、手続きは「東京の金融機関で」というケースもあります。

こうした条件があることも覚えておきましょう。

Q13 ローンの申し込みと契約までに何をすればいい？

Answer

事前審査、申し込み、本審査、融資の内定・契約

購入を決意してから融資の契約をするまで

購入するマンションが見つかったら、どのような流れで契約に至るのでしょうか。

まずは、販売元の不動産業者が用意する「不動産購入申込書」を提出します。これが購入の申し込みとなります。

次に、不動産業者の担当者と打ち合わせた資金計画に沿って、実際に融資が可能かどうか、事前審査の申し込みをします。ほとんどのケースで販売元の不動産業者を経由して申し込みをすることになります（事前審査は金融機関によって省略されます）。

審査にはローンの申込書と併せて、身分証明書として免許証や健康保険証、収入証明として源泉徴収票、課税証明書、ほかには住民票、印鑑証明書が必要になります。また、他の金融機関でローンを組んでいれば、その明細書も必要になります（必要書類の一覧は次ページの通りです）。

ちなみに、ローンの審査は必要書類のすべてがそろえば、概ね1週間前後で結果が出ます。

事前審査の段階から必要書類を揃えておく

事前の審査が下りたら、マンション購入の売買契約を取り交わし、正式な融資申し込みを行います。この時点ではすでに事前審査を通過していますので、本審査は形式的なものです。

金融機関の中でも、銀行系は事前の審査と本申し込みの二段階、同じことを行います。ノン

郵 便 は が き

料金受取人払郵便

日本橋局
承 認

6827

差出有効期間
2023年8月
15日まで

切手をお貼りになる
必要はございません。

1 0 3-8 7 9 0

953

中央区日本橋小伝馬町15-18
EDGE小伝馬町ビル9階
総合法令出版株式会社 行

本書のご購入、ご愛読ありがとうございました。
今後の出版企画の参考とさせていただきますので、
ぜひご意見をお聞かせください。

フリガナ お名前	性別 男・女	年齢 歳
ご住所 〒 TEL ( )		
ご職業 1.学生 2.会社員·公務員 3.会社·団体役員 4.教員 5.自営業 6.主婦 7.無職 8.その他( )		

メールアドレスを記載下さった方から、毎月5名様に書籍1冊プレゼント!

新刊やイベントの情報などをお知らせする場合に使用させていただきます。

※書籍プレゼントご希望の方は、下記にメールアドレスと希望ジャンルをご記入ください。書籍へのご応募は1度限り、発送にはお時間をいただく場合がございます。結果は発送をもってかえさせていただきます。

希望ジャンル: ☑ 自己啓発 ☑ ビジネス ☑ スピリチュアル ☑ 実用

E-MAILアドレス ※携帯電話のメールアドレスには対応しておりません。

お買い求めいただいた本のタイトル

■お買い求めいただいた書店名

(　　　　　　　　　　)市区町村（　　　　　　　　　　)書店

■この本を最初に何でお知りになりましたか

□ 書店で実物を見て　□ 雑誌で見て(雑誌名　　　　　　　　　　)
□ 新聞で見て(　　　　　　新聞)　□ 家族や友人にすすめられて
総合法令出版の(□ HP、□ Facebook、□ Twitter、□ Instagram)を見て
□ その他(　　　　　　　　　　)

■お買い求めいただいた動機は何ですか(複数回答も可)

□ この著者の作品が好きだから　□ 興味のあるテーマだったから
□ タイトルに惹かれて　□ 表紙に惹かれて　□ 帯の文章に惹かれて
□ その他(　　　　　　　　　　)

■この本について感想をお聞かせください

（表紙・本文デザイン、タイトル、価格、内容など）

（掲載される場合のペンネーム：　　　　　　　　）

■最近、お読みになった本で面白かったものは何ですか？

■最近気になっているテーマ・著者、ご意見があればお書きください

ご協力ありがとうございました。いただいたご感想を匿名で広告等に掲載させていただくことがございます。匿名での使用も希望されない場合はチェックをお願いします☑
いただいた情報を、上記の目的以外に使用することはありません。

投資用住宅ローンの申し込みに必要な書類例

	必要書類	備考	取得場所
①	借入申込書	実印	―
②	源泉徴収票	直近3ヵ年分（コピー可）	勤務先
③	印鑑証明書	―	市・区役所
④	住民票	世帯全員・続柄が記載されているもの ※マイナンバーが記載されているものは使用不可	市・区役所
⑤	課税証明書	直近3ヵ年分	市・区役所
⑥	ご本人さま確認資料	免許証及び保険証のコピー	―
⑦	登記簿謄本	自宅や投資用不動産所有の方のみ必要	法務局
⑧	所有投資物件賃貸借契約書	投資用不動産所有の方のみ必要	管理会社

■確定申告をしている方の場合

⑨	確定申告書（収支内訳書を含む）	直近3ヵ年分・税務署受領印のあるもの	―
⑩	納税証明書（その1、その2）	直近3ヵ年分	税務署

■借入金がある場合

⑪	償還表 コピー	住宅ローン・カードローン等も含むすべて	借入先

バンク系の会社は、一度の提出で済むケースが多いのが実情です。

契約には売買契約と金銭消費貸借契約がある

投資用マンション購入には、売買契約と金銭消費貸借契約の2つの契約を交わします。

売買契約は、マンションを購入するための契約で、販売元の不動産業者と契約書を交わします。金銭消費貸借契約はローンを組むための契約で、金融機関と契約書を交わします。

これらの契約が無事に終わったら、購入に必要な諸費用の振り込み、登記の手続きを行います。完了したら、ローンが実行され、物件の引き渡しとなります。これで晴れてマンションオーナーになることができます。一連の手続きは、不備がなければ、3〜4週間程度で済みます。

手続きがスムーズに行われるために

スムーズに審査が行われるために事前にできることがあればやっておきたいものです。

たとえば、ショッピングローンやカードローンなどは一気に返済しようと思うかもしれませんが、実は借りていた履歴は、審査の過程で金融機関に全部丸見えになっているため、慌てて返済したところであまり意味はありません。もし、すでに借り入れがあるのなら、審査の際に事前申告するのが望ましいです。

そのほかにできることといえば、提出書類は間違いないように揃えておくことです。人によっては、住民票と実際に住んでいるところが違う場合もあります。「一時的な転勤で」などの理由がある場合は、事前に説明しておくのがよいでしょう。また、人によって住民票を現在の住所に変えていても、免許証の住所の更新をしていない方もいます。その場合、融資の契約前までには変更しておく必要があります。

直前になって慌てることがないよう、必要書類と補足説明の準備は早めに済ませておきましょう。

【投資用ワンルームマンション購入の流れ】

1. 不動産購入申込書を提出する
2. ローンの融資審査を受ける
3. 重要事項の説明を受ける
4. 売買契約を交わす
5. 金銭消費貸借契約を交わす
6. 諸費用を振り込む
7. 登記の手続きをする
8. 融資金（ローン）が振り込まれる
9. 引き渡し

1から9まで3〜4週間程度

Q14 ローンの金利にはどんな種類がある？

Answer

変動金利と固定金利がある

居住用住宅ローンよりも厳しい、投資用住宅ローンの実情

投資用住宅ローンは、居住用住宅ローンとは目的が異なるため、いくつか違いがあります。最も大きな違いが金利です。昨今の居住用住宅ローン金利は、変動金利で0・6～1％以下と著しい低金利が続いていますが、投資用住宅ローンの金利は1・6～2％（平成30年1月現在）ほどが一般的です。

投資用住宅ローンは、居住用住宅ローンよりも参入する人が限られるため、居住用住宅ローンほどの過当競争にはなっていません。投資用住宅ローンは、融資の条件が居住用住宅ローンよりも厳しく、誰でも組めるとは限らないからです。

変動金利と固定金利

金利には大きく以下の2種類があります。

①変動金利型……半年に1回、金利の見直しが行われます。返済額は5年に一度見直されます。金利の大幅な上昇によって返済額が増えた場合、これまでの返済額の1・25倍までを上限とする救済措置を設けている金融機関が大半です。

②固定金利型……1年固定、3年固定、10年固定など、固定年数を選ぶことができます。年数が長いほど金利が高くなる傾向にあります。

投資用住宅ローンの場合、変動金利型を採用している金融機関が多いのが実情です。金融機関により金利が異なるため、少しでも金利の低いローンを選ぶのがいいでしょう。

【変動金利と固定金利、それぞれの特徴】

変動金利

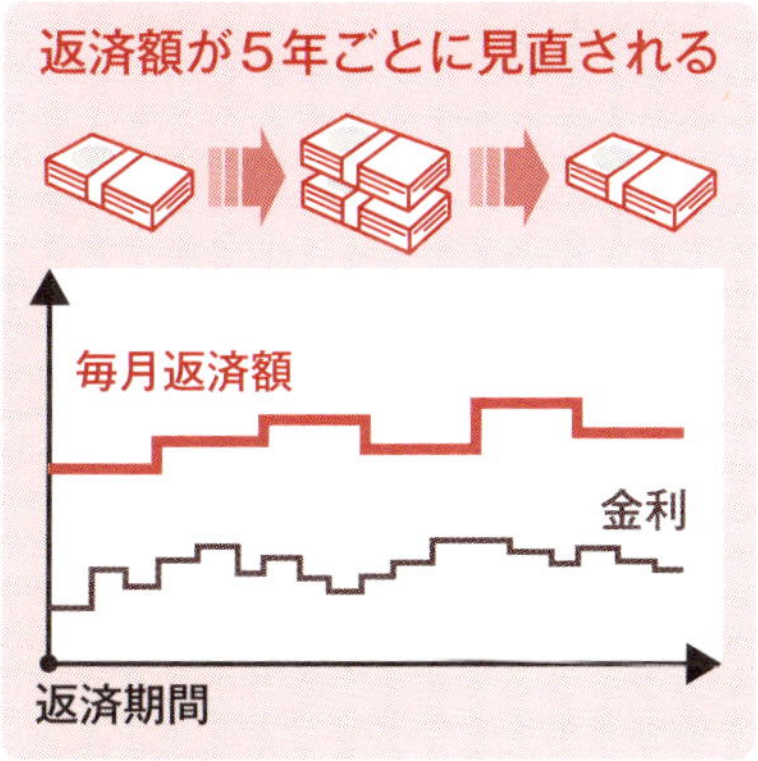

メリット

- 固定金利よりも金利が低め
- 金利が下がると返済負担も下がる

デメリット

- 返済額が変動するので、生活設計を立てづらい
- 金利が上昇すると返済負担も増える
- 1.25倍ルールによる未払い利息のリスク

固定金利

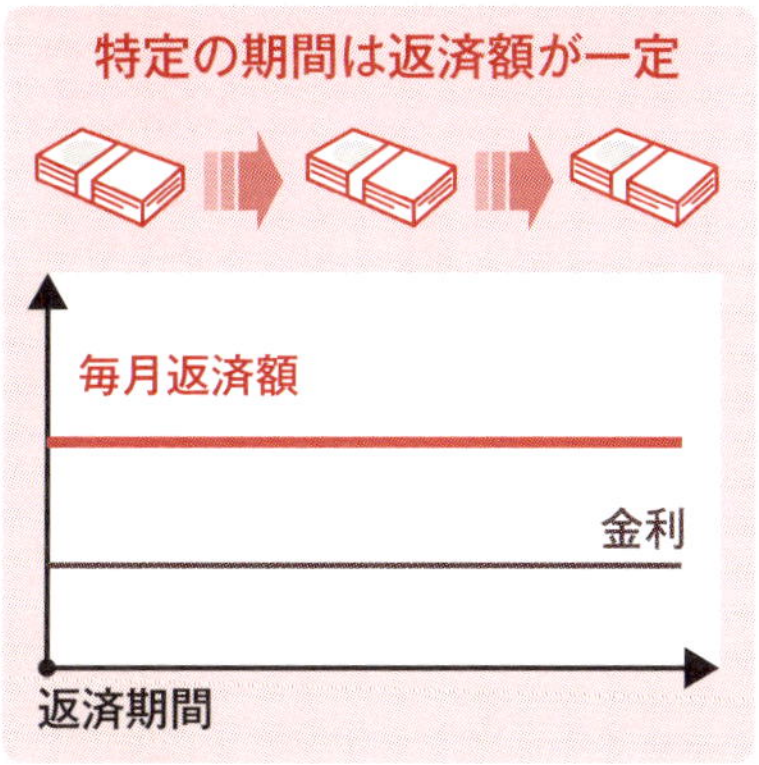

メリット

- 将来の毎月返済額が見通せるので、生活設計を立てやすい
- 金利上昇を気にしなくていい

デメリット

- 変動金利よりも金利が高め
- 金利が下がっても恩恵がない

Q15 ローンの残金を早期に返済する方法はある？

Answer

繰り上げ返済が効果的です

変動金利は金利上昇リスクがある

投資用住宅ローンを利用する場合、多くの方が変動金利を選択しています。金融機関の商品として変動金利しかない場合は当然ですが、投資という観点から、金利が安い変動金利の商品を選び、より多くの収益を得られる選択をすることは当然と思われます。

しかし、変動金利はその名の通り、金利が変動する商品で、金利は半年ごとに見直されます。いつしか金利が急上昇すれば、ローンの返済額が多くなり、生活が困難になるかもしれません。

そのため、これを回避するために金融機関では自主的に125％ルールを制定しているところがあります。

これは、万一、金利が急上昇して2倍、3倍になったとしても、これまでに返済していた額の125％（1・25倍）までしか返済額は上げません、という救済ルールです。

このルールのおかげで毎月の収支がひどく悪化することはありませんが、救済された分の未払い利息や未払い元金が発生する可能性はあり、これはローンの最終支払い時にまとめて返済することになるので注意が必要です。

この125％ルールは非常に重要なことで、ローンの検討をする際によく確認すべき事項だと思われます。

いずれにせよ、金利が上昇することは投資である以上、良いことではありませんので、実際に、支払額にどれくらい変化があるのか、ということをここでお伝えします。

たとえば、３０００万円のマンションを自己資金10万円、残り２９９０万円を35年ローンで購入したとします。当初金利が１・65％だった場合、月々の返済額は９万３７６１円です。そして11年後に金利が１％上がり、２・65％となった場合、月々の返済額は10万５０９２円になります。その差は１万１３３１円もあります。

借入額がもっと大きければ当然、その差は広がりますし、金利がもっと上がればその分支払額が多くなりますので、金利上昇はマンション経営にとって大きなリスクの１つであることは間違いありません。

繰り上げ返済が効果的期間短縮型と返済額軽減型

こうした金利上昇のリスクを軽減するには、繰り上げ返済が効果的です。

繰り上げ返済とは、月々の返済とは別に、概ね１００万円以上のまとまったお金を返済することです。その返済分は借入元本に直接充当されますので、利息が減り、返済総額を大幅に減らせるというメリットがあります。

さらに、その繰り上げ返済には返済期間を短縮する「期間短縮型」と毎月の返済額を軽減する「返済額軽減型」があり、どちらかを選ぶことができます。

なお、当社のお客様は老後の年金対策として、早く収益を確保するために「期間短縮型」を選ぶ方が多いようです。

繰り上げ返済は早く行うと効果的

繰り上げ返済は、残債の額が多く、早い時期に行うと効果が高くなります。

ローンは、借り入れた当初は元金よりも利息の割合のほうが高いためです。

具体的な例を次ページの図表にまとめてありますので参考にしてください。

【期間短縮型繰り上げ返済の例】

ワンルームマンション

価格 30,000,000円

賃料 100,000円　年間賃料 1,200,000円　利回り 4.0%

支払例

自己資金 100,000円　ローン金額 29,900,000円　年数 35年

金利 1.650%　月々 93,761円

100万円を繰上げ返済します

1年目終了時に100万円を繰り上げ返済する場合	
期間	1年6カ月の短縮
利息	733,157円軽減

20年目終了時に100万円を繰り上げ返済する場合	
期間	1年1カ月の期間短縮
利息	271,327円軽減

●短縮期間が異なる
●利息軽減額が異なる

繰り上げ返済の実施は早い方がよい

用語集

【固定金利と変動金利】

「固定金利」は、文字通り、固定された一定の金利のことで、金利（利率）が適用期間中ずっと続くものをいいます。これに対して、その時々の金利情勢によって半年に一度、適用利率が見直されるものを「変動金利」といいます。

【登記】

不動産の所有権の移転について一定の事項を広く公に示すため、公開された帳簿に記載することです。たとえば、マンションの購入時に、代金の支払いと同時に買主が所有権を譲り受けたことを証明するため、その事実を証する手続きを法務局において行います。これを所有権の移転登記といいます。なお、新築マンションなどで最初の購入者が行う登記は所有権の保存登記といいます。登記は司法書士に委任して行われ、司法書士への報酬、所有権を持つために発生する登録免許税、抵当権を設定するために発生する登録免許税が必要になります。これらをまとめて登記関係費用、もしくは単に登記費用といいます。

【公示価格】

地価公示法にもとづいて、国土交通省の土地鑑定委員会が公表する土地の価格です。適正な地価の形成に資するため、全国の都市計画区域内等に設定された地点（標準地）を対象に、毎年1月1日時点のその正常価格を複数の不動産鑑定士が鑑定し、土地鑑定委員会の審査を経て決定します。同年3月下旬に更地の単位面積（1㎡当たり）の価格として公表されます。土地の取引価格は公示価格に拘束されませんが、1つの重要な指標となります。

【固定資産税評価額】

国が定めた固定資産評価基準に基づいて市町村が決定するもので、固定資産税・都市計画税、不動産取得税や相続税などを計算するときの元になるものです。固定資産税評価額は原則として3年ごとに見直され、評価替えが行われます。税額を決める基になる課税標準額は、基本的には固定資産税評価額と同額ですが、軽減措置の特例の適用や地価の下落で負担調整がある場合は異なる金額になります。

物件購入時に チェックすべきこと

第4章

物件を購入する際、間取り図を取り寄せ、実際に物件に足を運んでみても、どこをチェックすべきか、初心者にとっては難しいものです。そこで、第4章では、物件購入時にチェックすべきことについて、川田社長にうかがいます。最近ではインターネットで手軽に物件探しができるようになりましたが、間取り図や物件情報で見るべきポイントはどこか、内見時にはどこをよく見るべきなのか、さらに大事な契約時の書類でチェックすべきポイントについて解説します。

Q16 実際に物件を探すときはどうすればいい？

Answer

インターネットで積極的に情報収集すれば、最後は人に行き着く

インターネットを活用し、イメージする物件を検索する

新築、中古に関係なく投資用マンションの物件を探す方法としては、主に「インターネット」「新聞広告」があります。その中で最も手軽に物件情報を得ることができるのはやはりインターネットです。

投資用マンションを販売しているほとんどの会社が自社のホームページを開設していますし、不動産系ポータルサイトでもさまざまな情報を入手することができます。

まずは気になる会社や物件情報を比較検討したり、ポータルサイトの情報を細かくチェックするとよいでしょう。

物件探しで重要なのは、立地、間取り、築年数

物件を探すときに最も重要となるのが「立地」です。マンション経営で最も典型的な失敗ケースは、「立地の悪い物件を購入すること」です。なぜなら、賃貸需要の少ないエリアや駅までの距離が遠い物件だと、空室のリスクが高まることになるからです。

探している物件の賃貸需要を調べる方法としては、その地域の人口動向をまとめた国勢調査のデータを調べるというものがあります。このデータには人口や世帯数、単身者の増減まで、詳細な情報が示されているので、将来の家賃収入が期待できる地域かどうかが判断指標の1つになります。

【投資用マンションの情報源】

新聞広告
クオリティの高い新築物件の情報に強い

インターネット
「エリア」「築年数」「価格帯」「部屋数」など、
条件を絞っての検索が容易にできる
写真の掲載例が多い

ヴェリタス・インベストメントのホームページでは、各物件の詳細情報を見ることができます。

他にも駅や周辺環境ににぎわいがあるかなど、立地に関する情報をインターネットでは簡単に入手することができます。将来の空室リスクを減らすためにも、インターネットの情報を積極的に収集するようにしましょう。

立地のほかに、物件を探すときに考える必要があるのが物件の間取りです。

間取りは、単身者の利便性を重視したワンルームと、子育てを重視するファミリー層向けの2~3LDKと、大きく2種類に分類できます。なお、ファミリー層の物件は絶対的に部屋の広さが必要ですから、当然価格も高くなります。

間取りの次に考える必要があるのが物件の築年数です。

中古の場合、新築よりも価格が安いというメリットがありますが、金融機関のローンの金利が高めになるなどのデメリットがあります。

一方、新築の場合、中古よりも価格が高くなりますが、ほとんどの場合、販売価格に対して100%のローンを組むことができ、金利も安く設定されます。さらに、入居者のニーズを取り入れた最新の設備仕様を備えているなどのメリットがあります。

不動産業者の専門的な知識を生かす

インターネットで物件の詳細情報を収集する方法に加え、最後に重要となるのが、不動産業者の持つ知識です。売買にまつわる法律や税金、さらに物件固有の情報や周辺環境のことなどに精通した専門家の知識は、初めて投資をする人にとって、とても頼りになります。可能であれば、特定の専門家と知り合いになり、多くの情報を入手できるようにしましょう。

投資用マンション探しで重要な立地・間取り・築年数

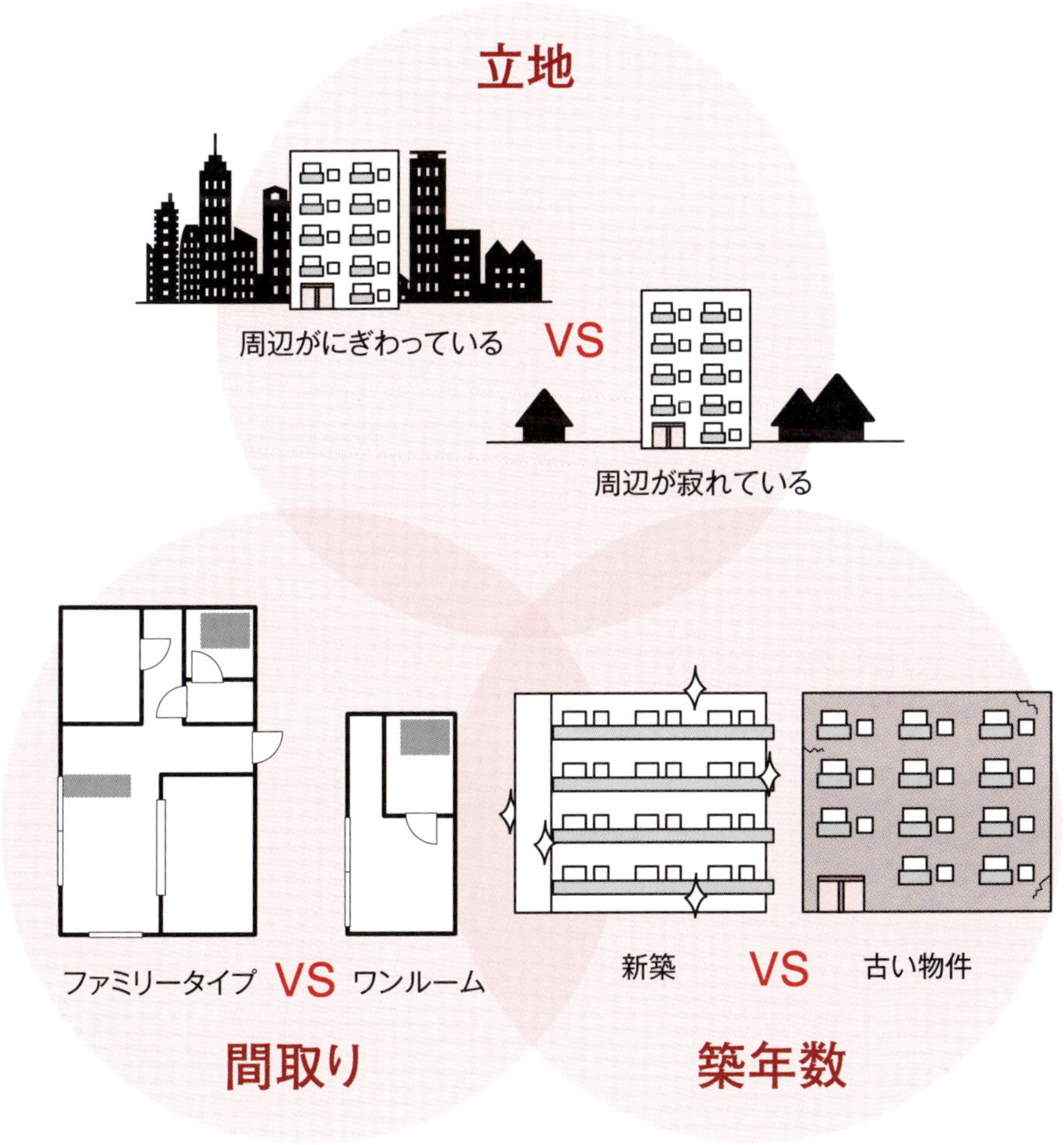

Q17 間取り図を見るときや内見ではどこをチェックすべき？

Answer

広さ、収納スペース、方位、アルファベットの略語、水回りなど

部屋の広さ、収納の有無、方位を確認する

物件情報を見るときに必ずチェックすることになるのが間取り図です。ここでは、どのような点に注意して間取り図を見ればいいのかについて解説してきます。

まずは、メインとなる部屋の広さをチェックします。部屋の広さに対する入居者のニーズは、最近は6畳以上がスタンダードになっています。ワンルームでも6畳以上は欲しいところです。「畳（j）」の単位で書かれていれば、広さの見当がつきます。間取り図によっては、広さが「平米（㎡）」で書かれている場合がありますが、このときには平米数を1・62で割れば畳数が出ます。

次に、収納スペースの有無をチェックします。入居希望者は、部屋の広さだけでなく、どれくらいの収納力があるのかを重視します。間取り図に「収納」と書かれているところが収納スペースで、クローゼットは「クローゼット」または「CL」「Clo.」などと略されます。どれくらいの広さで、どれくらいの奥行きがあるのかも確認しましょう。

次に、部屋の方位をチェックしましょう。間取り図には方位マークが入っているので、部屋がどの方角に向いているかがわかります。左ページの間取り図を見てください。図の左下にあるのが方位マークです。マークの「N」は北を指しているので、間取り図の上が北になり、玄関がある方が北になります。

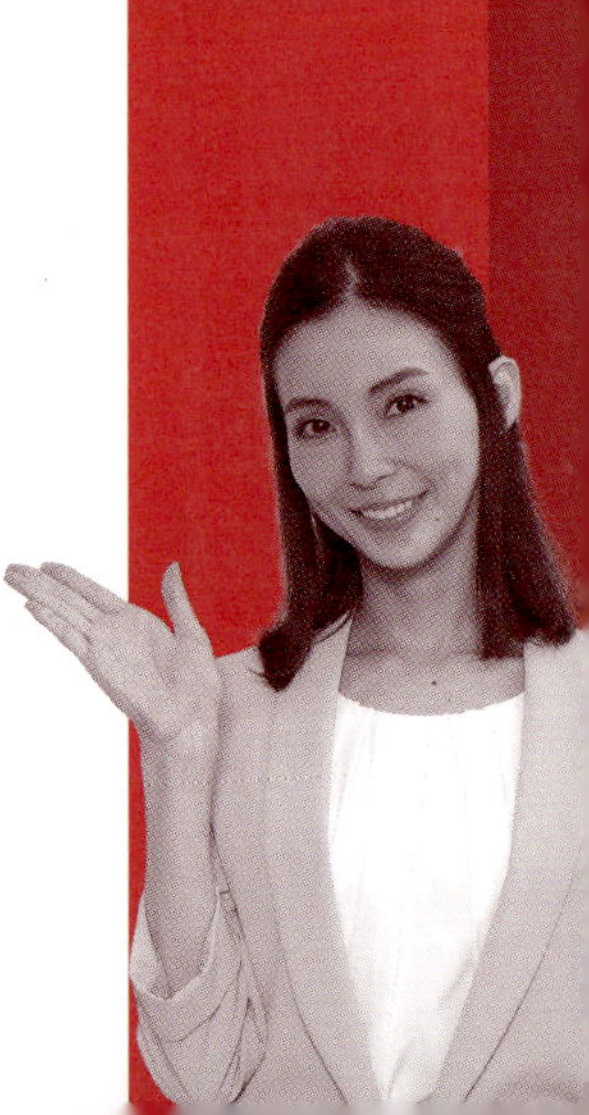

【ワンルームマンションの間取り図例】

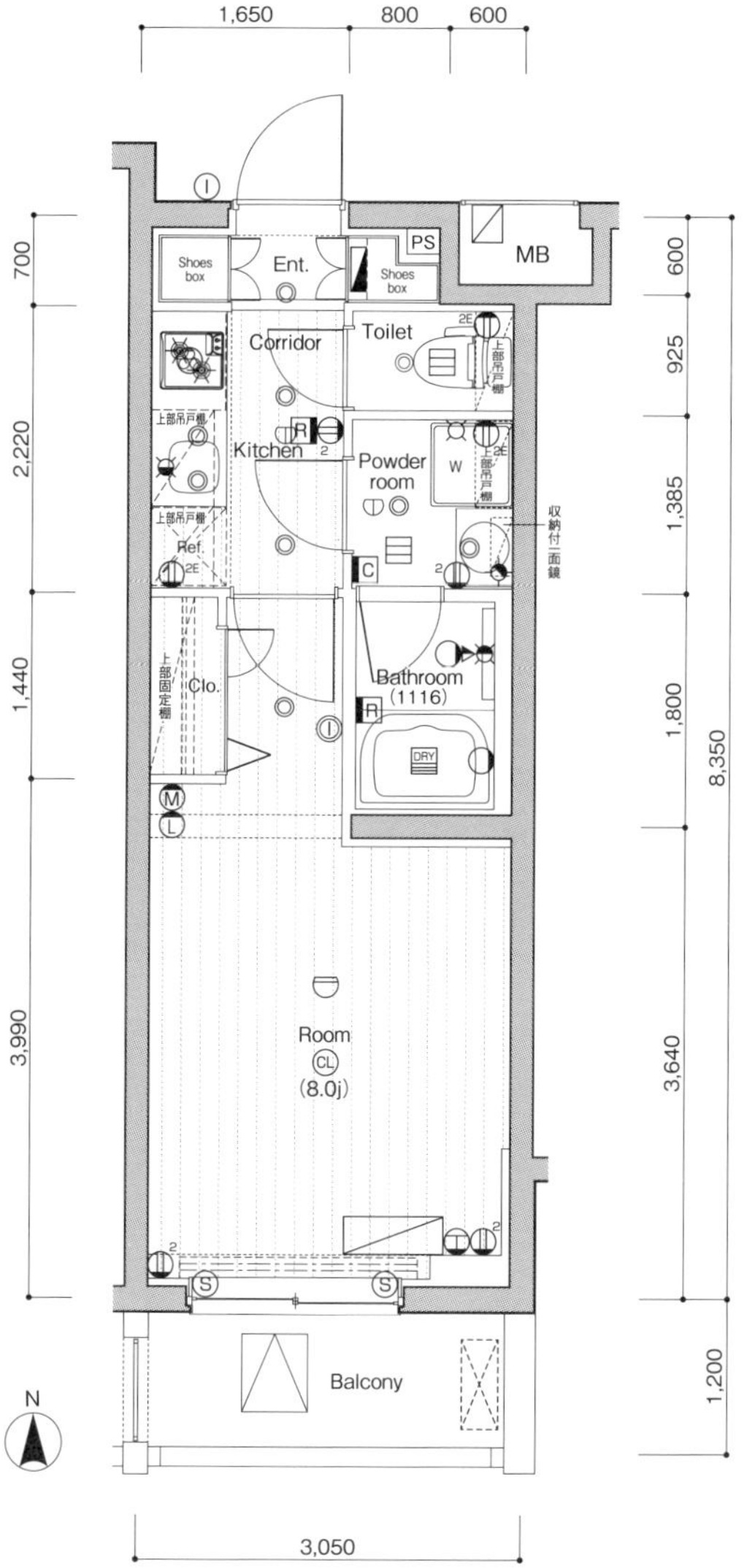

※住戸専有面積／25.46㎡(7.70坪)
※バルコニー面積／ 3.66㎡(1.10坪)

アルファベットの略語やマークも要チェック

間取り図に書かれている文字は、すべて漢字の場合もありますが、クローゼットを「ＣＬ」や「Clo.」と表記するように、英語の略語がよく使われます。たとえば、玄関は「Ent.」、シューズボックスは「Shoes box」、浴室は「Bathroom」と表記されます。

浴室に４ケタの数字が書かれていることがありますが、これは広さを数値で表したものです。「浴室（１１１６）」と表記されていれば、１・１×１・６メートルの広さがあることになります。浴室の広さの目安となるので覚えておくといいでしょう。

その他に、冷蔵庫スペース、洗濯機スペースの位置なども確認しておきましょう。キッチン周りに「Ref.」または×マークがついているところが冷蔵庫スペースです。バスルームの近くやパウダールームに「W」と表示されているところが洗濯機スペースになります。

間取り図には略語表記に加えて、コンセントの位置などを示すマークが表記されています。数字や英文字によって種類や機能を示されているので、位置だけでなく、どのような機能のものなのか、しっかり確認することが大切です

内見時には、浴室などの水回りもチェックする

物件を内見する際には、水回りを必ずチェックしましょう。入居者が快適な生活を送る上では非常に重要なポイントです。

浴室は入居者に好まれる独立式か、追いだきの有無、水圧は十分かを確認しましょう。洗面台は大きな鏡、収納スペースや小物入れがあるか、キッチンはシンクの大きさやコンロの口数、収納の量などを確認してください。

また、新築の場合は水回りが清潔感のある空間であることも重要な要素となります。水回りを見るときには清潔感についても忘れずにチェックすることが大切です。

【間取り図で使われる主な室内凡例&マーク】

室内凡例

Ent. ……… 玄関
Shoes box ……… シューズボックス
W ……… 洗濯機置場
Corridor ……… 廊下
Ref. ……… 冷蔵庫置場
Powder room ……… パウダールーム
Toilet ……… トイレ
Bathroom ……… 浴室
Clo. ……… クローゼット
Sto. ……… 物入
Room（j）……… 部屋（畳数）
Kitchen ……… キッチン
Balcony ……… バルコニー

マーク

2 2口コンセント
2E アース付2口コンセント
エアコン用コンセント

M マルチメディアコンセント（コンセント・TEL・テレビ用アウトレット・無線LANアクセスポイント）

ダウンライト
CL シーリングライト
ブラケット照明

I インターホン親機
I インターホン子機

給水栓
混合水栓
シャワー付混合水栓

DRY 浴室暖房·換気·乾燥機
C 浴室暖房·換気·乾燥機コントローラー

給湯器
R 給湯器リモコン
感知器
分電盤
レンジフード

副吸込口
S 防犯センサー
エアコン室内機
エアコン室外機

MB メーターボックス
PS パイプスペース
避難ハッチ
室内物干金物

Q18 物件の周辺環境でチェックした方がいいところは？

Answer

便利な施設の有無や交通機関へのアクセスなど

コンビニやスーパーなどが近くにあると喜ばれる

入居者にとって、物件の印象を左右するのは部屋だけではありません。物件の周辺環境がいかに充実しているかどうかも大事な判断基準になりますので、内見のときには忘れずにチェックすることが大切です。

まず、普段の生活に欠かせないコンビニやスーパーと物件の位置関係をしっかり確認しておきましょう。

コンビニについては、駅から物件までの帰り道にあったり、物件から徒歩5分以内にあると便利です。近くにあれば、暗い夜道の避難場所として治安面でも助かります。

スーパーは、価格帯や品揃えが充実しているかどうかはもちろん、帰宅が遅くなる場合、夜遅くまで営業している店があるかどうかも重要なポイントです。最近では24時間営業しているスーパーもあるので、物件からの位置関係を把握するようにしましょう。

さらに、一人でも気軽に入れる飲食店やテイクアウトができるファストフード店、おいしくて安い弁当屋・惣菜屋など、単身者に便利なお店があるかどうかもチェックしておくといいでしょう。

そして、さらにあると便利なのが病院や図書館などの公共施設です。最近は、雑誌の最新号が読めたり、DVDを借りられる大型図書館もあります。

また銀行やATMが近くにあれば、入居者にとって便利ですので、忘れずに確認するように

【周辺環境の主なチェックポイント①】

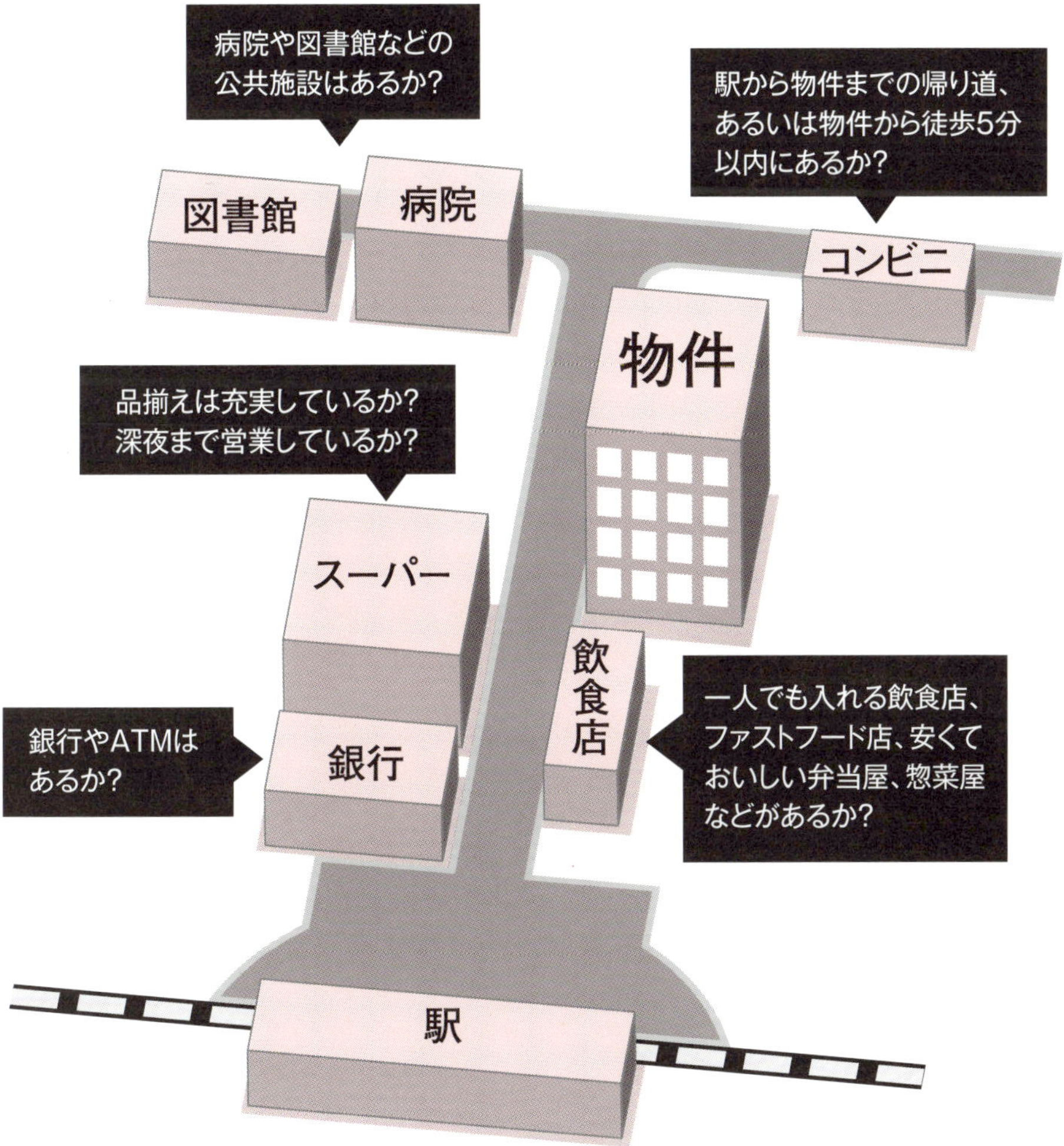

しましょう。

実際に歩いて交通環境を確認する

コンビニやスーパーなどの位置に加えて、忘れずに確認しておきたいのが、公共交通機関へのアクセスです。物件情報に記載されている最寄り駅への距離感を実際に歩いてみて確認すれば、駅までの道が平坦な道なのか、それとも坂があるのかなど、さまざまな情報を得られます。単に駅から近い、遠いだけでなく、その途中に何があるのかを自分で歩いて確かめることが大切です。

自分で歩くときには、道路の交通量や歩道の歩きやすさ、さらに人通りの多さや街灯があるかどうかなど、治安面もしっかりとチェックしておきましょう。

物件の隣の建物の状況もしっかり把握しておく

最後にチェックしておきたいのが、購入しようとしている物件の周辺状況です。入居者に人気のマンションが多く建つエリアでは、建物が密集していることが多く、採光性や眺望に問題が生じる可能性があります。

逆に周辺に空地があれば、これから何かが建つ可能性があります。隣が広い空き地で眺望がいい場合でも、大規模な建物が建築されることで眺望が一変する可能性があります。隣に広い空き地がある場合は、新しい建物が建設される予定があるかどうか、事前に不動産会社に確認するようにしましょう。

【周辺環境の主なチェックポイント②】

① 交通環境

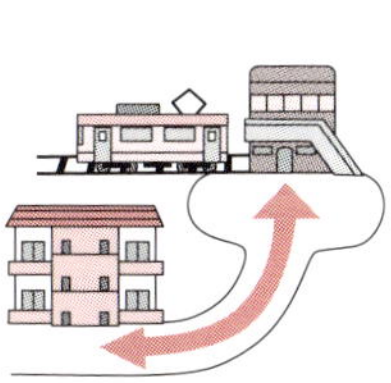

最寄り駅までの距離感

歩道の歩きやすさ

交通量の多さ

坂があるかなど、道の高低差

② 治安環境

街頭の設置状況

人通りの多さ

③ 物件の隣の建物の状況

周辺に建物が密集していて採光性や眺望に問題はないか

隣に空き地がある場合、新しい建物が建つ可能性はあるか

Q19 入居者に人気の設備ってどんな設備？

Answer

インターネット環境、オートロック＋宅配ボックス、浴室換気乾燥機など

単身者に人気の無料インターネット

近年、単身の入居者に人気の設備は、無料のインターネット環境です。インターネットは、もはやあらゆる世代のライフスタイルに欠かせないインフラ設備です。

物件にインターネットの設備がなく、入居者が自分で回線を引くことになると、回線工事の初期費用や月々の通信費を入居者自身が負担することになります。この負担を考えると、無料のインターネット回線がある部屋は、入居者にはお得感を感じられて魅力となります。このようなニーズの高まりによって、最近は無料のインターネット回線を標準装備している物件が増えています。

入居者にとってさらなる利便性を考えると、無料のインターネット回線に加えて、Ｗｉ－Ｆｉ設備（無線ＬＡＮ）があると便利です。インターネット回線がすでに引かれている場合、自分でＷｉ－Ｆｉルーターを購入してＷｉ－Ｆｉを使うこともできますが、物件にすでにＷｉ－Ｆｉ設備が完備されていれば、通信費用を気にすることなくインターネットを楽しめるので、入居者にとってさらに付加価値は高まると言えるでしょう。

単身者にとって重要なライフラインの1つであるインターネット。今後の入居者のライフスタイルを考えると、無料のインターネットはもちろん、Ｗｉ－Ｆｉ設備を部屋に完備することは、空室リスクを減らす上でも非常に重要な要素になると思います。

【単身入居者に人気の設備ランキング 2020】

1 (➡1) **インターネット無料**

2 (➡2) **エントランスのオートロック**

3 (➡3) **宅配ボックス**

4 (➡4) 浴室換気乾燥機
5 (➡5) ホームセキュリティ
6 (➡6) 独立洗面台
7 (➡7) 24時間利用可能ゴミ置き場
8 (⬆12) システムキッチン
9 (⬆15) TVモニター付きインターフォン
10 (⬆16) エレベータ
11 (➡11) 防犯カメラ
12 (⬇8) ガレージ
13 (⬇8) ウォークインクローゼット

※全国賃貸住宅新聞調べ
※(　)内は前回ランキング結果。初はランク外より初登場

人気のオートロックで防犯対策、便利な宅配ボックス

昨今の社会情勢を反映して、入居者の防犯に対する意識は高くなっており、セキュリティ関連設備が充実した物件の人気が高くなっています。

中でもエントランスのオートロックは、単身者、とりわけ一人暮らしの女性にとって安心できるものなので、今ではマンションに当たり前に設置されたセキュリティ設備だと言えます。

それ以外に人気を集めている設備の1つが宅配ボックスです。インターネットでさまざまな商品が購入できる今、宅配ボックスは入居者にアピールできる設備です。宅配ボックスのメリットは、荷物の到着時間を気にせず受け取れることで、家にいる時間が少ない単身者にとって便利な設備です。

また、近年の新築マンションでは、オートロックの機能と宅配ボックスの機能が連動しているものが増えています。帰宅時にエントランスに設置されているオートロック操作盤にセンサー内蔵の住戸の鍵をタッチすると、オートロックの扉が開くだけでなく、宅配ロッカーに荷物が預けられているというお知らせ表示が出る便利な機能が備わっています。

水回りは浴室換気乾燥機や独立洗面台が人気

水回りで高い人気があるのが、浴室換気乾燥機と独立洗面台です。

浴室換気乾燥機は浴室使用後の水滴や湿気を排出し、カビの発生やいやなニオイを防止したり、洗濯物を浴室で乾かすことができるなど、便利な機能を備えています。

独立洗面台はとりわけ女性入居者にニーズが高い設備です。メリットとしては、メイクなどの身支度がスムーズにでき、ヘアー用品や化粧水など、細かい日用品をまとめて収納できることが挙げられます。

水回りではこのような充実した機能を持つ設備があるといいでしょう。

【宅配ボックスはこんな時に便利】

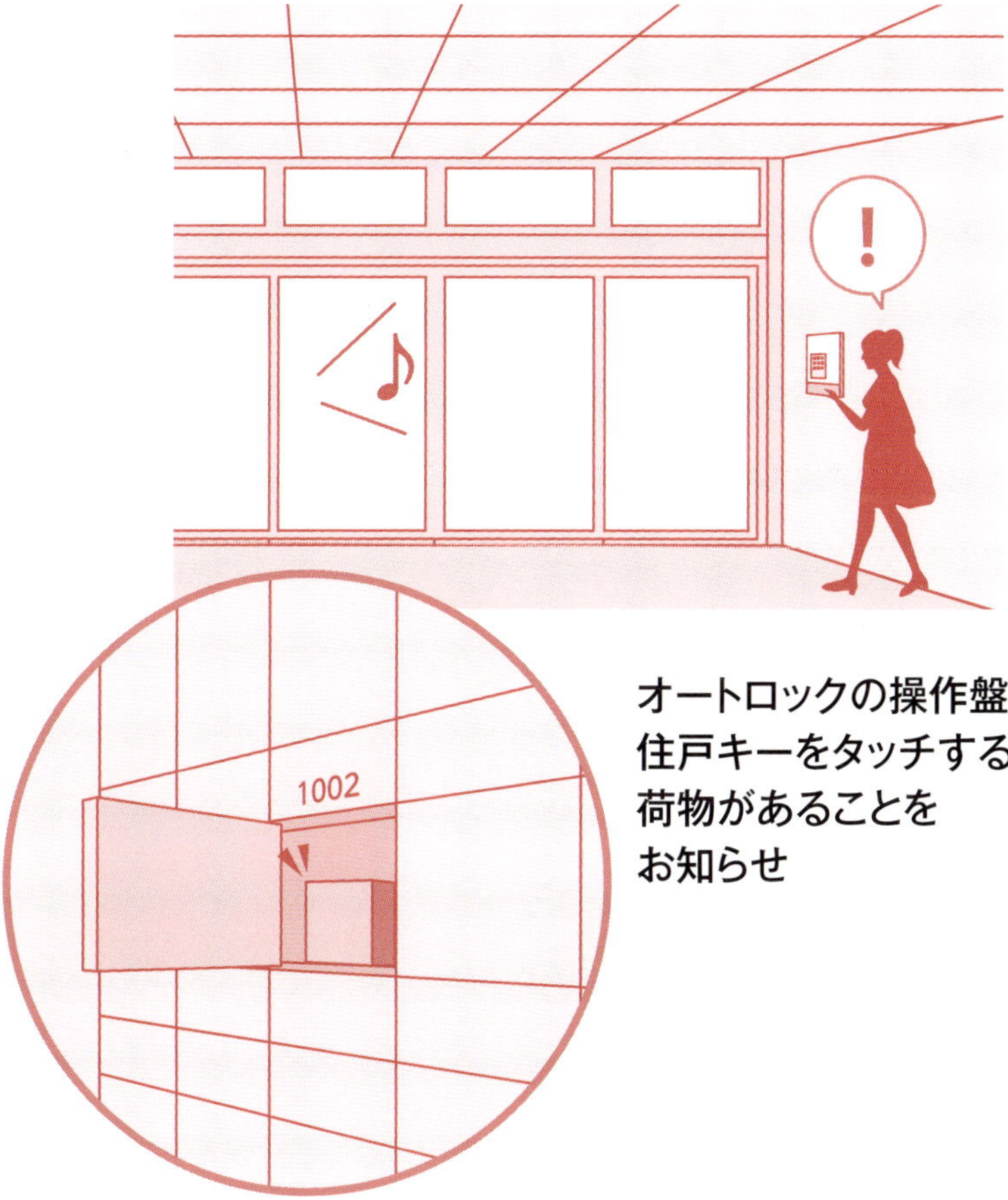

オートロックの操作盤に
住戸キーをタッチすると
荷物があることを
お知らせ

宅配ボックスは家にいる時間が限られる単身者や、
女性にとって大切な防犯上の面でも便利な設備

Q20 購入時にどんな費用がかかる？

Answer

登記費用、ローン事務手数料、火災保険料、管理初期費用など

購入時にはさまざまな費用がかかる

投資用マンションの購入時には、一般的に「諸費用」と呼ばれるさまざまな費用がかかります。この諸費用の項目や金額は、新築物件の場合、中古物件の場合、現金で購入する場合、投資用住宅ローンを使う場合など、ケースによって異なります。

ここではなるべく詳しく解説していきます。

登記費用には3つの種類がある

諸費用のうち、まず必要になるのが登記に関する費用で、次のようなものがあります。

マンションを新築した際、建物の床面積や構造などがどのようになっているのかを明らかにするために行う「表題登記」というものを行います。これは、新築工事の終盤に土地家屋調査士がマンションの部屋の広さなどを実測して、法務局に届出をします。この作業にかかる費用が表題登記費用です。一般的には新築時、最初にその部屋のオーナーとなる人だけが負担することになります。

次に、そのマンションのオーナーは誰なのかを示す「所有権保存（または移転）登記」があります。これは新築・中古を問わず必要となる登記です。新築マンションを不動産業者から購入した場合は、最初の所有者である証しとして「所有権保存登記」がなされます。中古マンションを前オーナーから購入した場合は「所有権移転登記」となります。これらの登記は司法書

【マンション購入時にかかる主な諸費用の例】

●実際の物件の実例（ローン金額 3,770万円、ローン年数35年の場合）

登記費用 所有権保存登記、抵当権設定登記、司法書士報酬 を含む		¥326,774
表題登記費用 表題登記　新築物件のみ		¥55,000
金融機関手数料（事務手数料） 金融機関により異なる		¥110,000
金融機関手数料（振込手数料） 金融機関により異なる		¥880
金融機関保証料 金融機関により異なる		¥0
火災保険料 火災保険会社、部屋の広さ、加入年数により異なる		¥23,450
地震保険料 火災保険会社、部屋の広さ、加入年数により異なる　※任意で加入です		¥0
収入印紙　金消契約書 印紙代 金融機関とローンの借入契約　金銭消費貸借契約　にかかる印紙税		¥20,000
収入印紙　売買契約書 印紙代半金 投資用マンションを購入する際の　売買契約書　にかかる印紙税		¥5,000
固都税日割　11/30～12/31の32日分 固定資産税、都市計画税　所有権移転日以降がオーナー負担		¥11,062
管理準備金	新築物件のみ　建物管理会社により金額は異なる 新築物件で建物管理にかかる備品購入などに使用する費用	¥9,180
修繕積立基金	新築物件のみ　物件により金額は異なる 新築当初から不測の修繕に備えるための費用 ※建物の共用部の修繕に限る	¥255,200
引渡事務手数料	不動産販売会社により異なる	¥55,000
合計		¥871,546

士が行う業務であり、その作業にかかる報酬と、所有権を持つことで発生する登録免許税がかかります。

3つ目は投資用住宅ローンを利用した場合に必要な「抵当権設定登記」でかかる費用です。金融機関が住宅ローンとしてお金を貸している証しとなり、「抵当に入れる」「担保設定がされている」などといわれます。この作業も司法書士が行い、所有権の登記と同じように司法書士の報酬と、ローンの当初借入金額に応じて登録免許税が発生します。

ローン事務手数料は金融機関によって異なる

マンション購入資金として投資用住宅ローンを利用する場合にかかるローン事務手数料は、金融機関によって異なります。

大きな項目分けをすると、金融機関の窓口に支払う「事務手数料」、貸し出しをする金融機関に対して購入者個人の信用度を保証してくれる保証会社へ支払う「金融機関保証料」、借り入れの契約である金銭消費貸借契約を金融機関の窓口以外の場所で行う場合にかかる「出張費用」、そして金銭消費貸借契約に貼付する「収入印紙代（印紙税）」に大別できます。

ここで挙げた項目のうち、保証料については、銀行系の一部の金融機関で借り入れをする場合にかかり、借入金額と年数に応じて変動します。また、出張費用も出張対応可能な金融機関でのみかかります。

火災保険の加入も必要になる

マイホームを購入するときと同じように、投資用マンションを購入するときも、万一に備えた「火災保険」に加入する必要があります。

火災保険の詳しい内容は第5章で解説しますが、投資用マンションを賃貸で運用する場合、そして投資用住宅ローンを利用する場合、どちらも火災保険の加入が必須条件となります。

この火災保険にかかる保険料は、ローン年数や補償内容によって異なりますが、10年分でおおよそ1・5～2万円ほどです。

また、この火災保険にはオプションで地震保険をつけることも可能です。

ちなみに、投資用マンションのオーナーに必要なのは、建物が火災などで損害を受けた場合の保険で、家具や家電などの家財の損害に対する保険は入居者が別に加入することになります。

管理にかかる初期費用

新築物件の場合、建物共用部の事務管理や清掃用具などの備品購入をするために「管理準備金」が必要になります。また、将来の計画的な修繕工事のために必要となる「修繕積立金」を当初より一定金額確保するための「修繕積立基金」も必要になります。

これらの費用は新築物件のみにかかる費用で、中古物件にはかかりません。この点は中古物件の購入を検討している場合にはメリットと言えるでしょう。

そのほかに必要になる費用とは

そのほかの費用として、マンション購入の売買契約にかかる収入印紙代、所有権移転の日からオーナーに支払い義務が生じる固定資産税・都市計画税（購入した年の分は諸費用の一部として支払いますが、翌年以降は毎年税務署から納付書が送られてきます）、不動産業者に支払う物件の引渡事務にかかる事務手数料などがあります。

購入する物件が中古の場合で、売買の形態が仲介（前オーナーが個人、または一般法人で、不動産業者が売主ではない）であった場合は、別途仲介手数料（販売価格の３％プラス６万円（消費税別））がかかりますのでご注意ください。

Q21 はじめての契約で不安だけど契約はどう進めていく？

Answer

購入申込書、融資審査、重要事項説明・売買契約、登記など

引渡しまでの手順は、金融機関によって異なる

第3章でローンの申込みと契約までの準備についてお伝えしました。ローンの審査から売買契約、引渡しまで、簡単な例を交えてお伝えしましたが、金融機関によってその手順が異なることもありますので、ここで詳しくお伝えします。

購入の最初の手続きとして、「不動産購入申込書」を提出するのはどの金融機関でも同じです。しかし、その後の手順は大きく以下の3つに分かれます。

1つ目の手順は、「ローンの事前審査」→「ローンの本審査」→「重要事項説明・売買契約」へと続く流れです。このケースは銀行系金融機関に多く見られます。

2つ目の手順は、「ローンの本審査」→「重要事項説明・売買契約」という流れです。1つ目の手順と比べて、「ローンの事前審査」が省略されています。

最後の3つ目の手順は、「重要事項説明・売買契約」→「ローンの本審査」という流れで、2つ目の手順と順番が逆になっています。

いずれの手順でも、後に続くのは、「金融機関との金銭消費貸借契約」→「諸費用等の支払い」、そして「登記」「融資実行」となり、これでマンション経営がスタートします。

以上の3つの手順について、次ページ以降で図表にしてありますので、参考にしてください。

【購入申込みから所有権移転までの流れ①】

不動産購入申込書

↓

ローン事前審査

↓

重要事項説明・売買契約　手付金支払い

※サブリース契約も締結
※建物管理会社への提出書類も記入
※司法書士への登記手続き委任状も記入

↓

ローン本審査

↓

金銭消費貸借契約

↓

諸費用支払い　最終現金支払い

※契約内容によって
最終現金のあり･なしは変わります

↓

融資実行　所有権保存（移転）登記

【購入申込みから所有権移転までの流れ②】

不動産購入申込書

↓

ローン本審査

↓

重要事項説明・売買契約　手付金支払い

※サブリース契約も締結
※建物管理会社への提出書類も記入
※司法書士への登記手続き委任状も記入

↓

金銭消費貸借契約

↓

諸費用支払い　最終現金支払い

※契約内容によって
最終現金のあり・なしは変わります

↓

融資実行　所有権保存(移転)登記

【購入申込みから所有権移転までの流れ③】

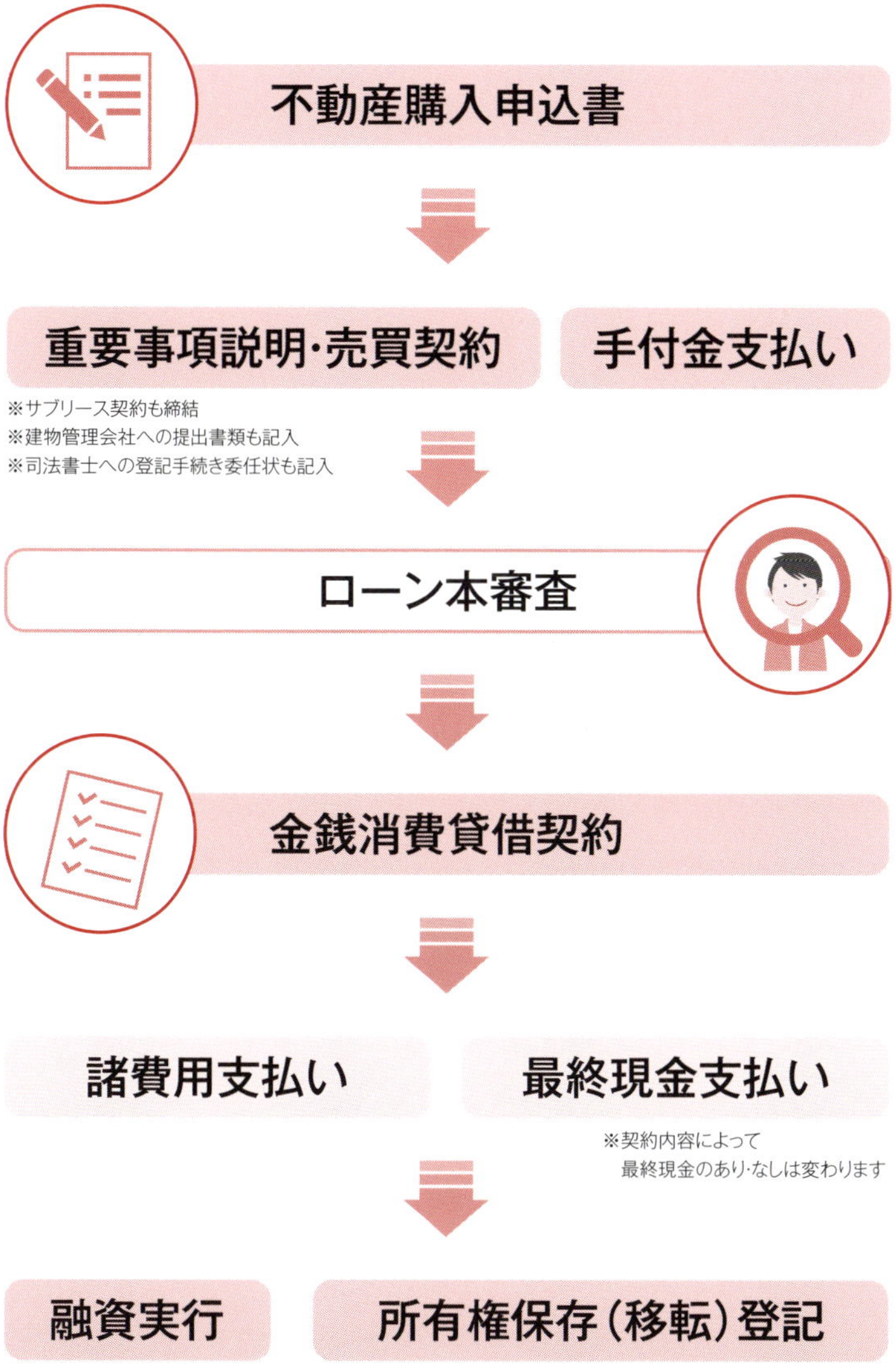

マンションの購入にも適用されるクーリングオフ制度

マンションの購入申込み、または売買契約を締結するとき、消費者保護のため、宅地建物取引業法のもと、「クーリングオフ」という制度が適用されます。

この制度の概略はご存知の方も多いと思いますが、購入申込み、または売買契約後、クーリングオフ制度の対象であることを告げられてから8日以内であれば、無条件で購入申込み、または売買契約を撤回できるというものです。

しかし、マンションを購入した後にクーリングオフによる無条件撤回を適用する場合、購入申込みや売買契約を締結した場所が重要になります。

購入検討者が自ら不動産業者の事務所に出向いた場合、または自宅や勤務先を自ら指定した場合は、クーリングオフはできません。一方、街の喫茶店やホテルのラウンジなどである場合はこの制度の適用があります。このことは頭の片隅に入れておいて損はないでしょう。

ローンの審査に通らなかった場合

せっかくマンションを購入しようと思っても、残念ながら金融機関の審査が通らないことがあり得ます。この場合、売買契約の締結が先に挙げたケース①と③であったら、どうなるのでしょうか。

安心していただいて結構です。当社の提携ローンを利用する場合、すべての契約でいわゆるローン解約の条項を設けています。

これは、当社には購入代金の斡旋を行っている責任があるため、万一、事前の打合せ通りの融資額や期間に達しない場合、クーリングオフと同様、完全に無条件で契約の解除に応じるというものです。契約を取り交わしているということは、当然、手付金を支払っているので、もちろんそれは速やかに返還されることになります。

【投資用マンションの契約時に必要なもの】

～重要事項説明・売買契約だけの場合～

チェック欄

- □ 本人確認資料(運転免許証・パスポートなど)
- □ 印鑑(認印可)
- □ 手付金(現金のご用意を)

～あわせて用意したいもの～

登記委任状、管理会社提出書類などがある場合

チェック欄

- □ 実印
- □ 管理費・修繕費の引き落とし用通帳
(またはキャッシュカード)
- □ 通帳印

一般的には、売買契約時にその他の提出書類にも
署名・捺印することがありますので、事前に確認しましょう。

Q22 重要事項説明書と売買契約書はどこをチェックすればいい？

Answer

物件や取引条件に関する事項、瑕疵《かし》担保責任、契約の解除など

トラブル回避のために、重要事項は念入りに確認

マンション購入後に「こんなこと知らなかった」といったトラブルを避けるために必要となるのが、購入時の「重要事項の説明」と、「売買契約書」です。

これは、物件や取引条件に関する重要な事項が書かれた重要事項説明書や売買契約書を元に不動産業者が買主に口頭で説明することです。これは宅地建物取引業法で定められており、宅地建物取引士が「重要事項説明書」に記名押印し、その書面を交付し、説明します。

重要事項説明を受け、購入を検討する中で聞いていた内容と異なる説明があったり、気になる事実があったりしたら、その場でしっかりと確認すべきです。疑問や不安を抱えたまま先に進めてはいけません。そのため、日時は十分に余裕を持って、スケジュールを早めに設定しましょう。

チェックすべき重要事項説明書の内容

では、重要事項説明書にはどんなことが記されているのでしょうか？

それは主に「対象物件に関する事項」と「取引条件に関する事項」の2つです。

「対象物件に関する事項」では物件の所在や面積や、法律上の規定などが説明されます。

「取引条件に関する事項」では、主にお金に関する事項が書かれていますので、ローンの内容に相違がないかどうかなどを確認しましょう。

また、特殊なケースではありますが、中古マンションの場合、過去に事件や事故があった、いわゆる事故物件であれば、その旨も重要事項説明の際に説明を受けます。

マンションならではのチェックポイント

マンションならではの注意点があります。それは面積の表記についてです。

マンションの面積には「壁芯《へきしん》」と「内法《うちのり》」という2つの表記方法があります。

壁芯面積とは、柱や壁の厚みの中心線から測られた面積で、不動産広告で表示されている面積にも用いられます。

一方、内法面積とは、壁や柱で囲まれた内側だけの面積をいいます。壁や柱の厚みは含まないため、壁芯面積より見た目の数字は狭くなります。不動産登記法では、この内法面積で測定し、登記簿謄本に記載されます。登記簿を見て、「あれ？　説明を受けていたよりも狭い」と驚かれるかもしれませんが、それはこのような表記上の違いからです。

そのほか、マンションならではの説明事項には、「共有部分」と「専有部分」の権利に関することやエレベーターなどのマンションの規約などがあります。

周辺に空地がある場合は改めて用途地域の確認も

購入する場所の用途地域や制限、周辺環境の説明もあります。

特に購入するマンションの周りに空地がある場合、その場所にどんな建物が建つ可能性があるのか、改めて確認しておきましょう。たとえば、商業エリアであれば、近くに商業施設やオフィスビルが建つ可能性がありますし、隣が飲食店や救急病院であったりする場合もあり得ます。

万一のときに備えて確認するべき項目

重要事項説明の際に、万一に備えて確認しておきたいことに、「契約不適合責任」があります。

不動産売買における契約不適合責任とは引渡された物件が契約した内容と違う（不適合）場合に、売主に対して、修理や減額、損害賠償請求をできる制度のことを言います。「雨漏りしない」と契約書に明記されていたにも関わらず、実際に住んでみたら雨漏りする。といった具合の不適合を不動産業者に対して請求できます。

ここで注意が必要なのが、売主が不動産業者ではなく一般個人の場合は、契約不適合責任の内容（免責）を当事者同士で自由に決められるという点です。中古物件ではよく見受けられることなので、よく確認すべきポイントでしょう。

なお、新築物件の場合、売主である不動産業者（宅地建物取引業者）は、主要構造部分（基礎、柱、屋根、外壁など）と雨漏りについて、10年間は契約不適合責任を負わなければなりません。売主が倒産などにより、契約不適合責任を履行できない状況を回避するために、引き渡しの際に売主は保険への加入か保証金の供託を義務づけられています。重要事項説明のときには、保険と供託のいずれの措置を採るのかを説明することになっているため、どちらなのかを確認しておきましょう。

契約解除に関する注意事項も要確認

契約を解除することになった際の注意事項も念のために確認しておきましょう。

通常、売買契約時に買主が売主に手付金を支払いますが、買主の一方的な都合による契約解除は、この手付金を放棄することでできます。逆に売主の都合による契約解除は、手付金の倍額を買主に支払うことでできます。

なお、契約違反により契約を解除する場合は、違約金の額が大きくなります。最高で契約金額の20％まで設定することができます。契約に違反すると大変な金額を負担することになりますので、注意しましょう。

重要事項説明のチェックリスト

項　目	説明内容		特に確認したい事項
基本的確認	宅地建物取引士の確認	□	説明者は確かに宅地建物取引士か
	取引態様の確認		
物件の基本的な確認	物件の概要	□	物件をしっかり特定できたか
	登記記録（登記簿）	□	完全な所有権で取得できるか（抵当権等は抹消されるか）、 引き継ぐ権利は特定できているか
		□	売主の信用力に不安はないか
法令上の制限	都市計画法	□	予定している建物は建築可能か、 同じ建物の再建築は可能か（特に建物の用途と規模を確認）
	建築基準法		
	その他法令	□	物件の利用に費用等の負担はないか
道路その他インフラ	私道に関する制限	□	私道の権利関係は問題ないか
		□	私道の利用に負担はないか （負担金、掘削等の承諾、通行権の有無など）
	飲用水等インフラ	□	インフラは整備されているか
		□	特別な費用負担はないか
その他物件に関する確認	未完成物件の確認	□	該当する場合は、 ①その内容 ②物件の利用に関する制限 ③費用負担の有無 ④その他の影響 などを個別に確認
	造成宅地防災区域		
	土砂災害警戒区域及び 津波災害警戒区域		
	石綿使用調査の有無		
	耐震診断の内容		
	住宅性能評価の有無		
マンション	敷地の権利と内容	□	敷地の権利関係はどうか（敷地に借地権等はないか）
	共用部分の定め	□	共用部分、専有部分の利用や管理のルールはどうか （希望する利用は可能か）
	専有部分の定め		
	専用使用権の定め		
	計画修繕積立金・管理費の定め	□	計画修繕積立金や管理費等の費用はいくらか
	管理業者	□	物件の管理状況はどうか
契約条件	代金以外に授受される金銭	□	無理な契約内容になっていないか
	契約の解除	□	その他契約内容を理解できたか
	損害賠償の予定・違約金		
	手付金等の保全措置		
その他	金銭の貸借のあっせん	□	該当する場合は、 ①その内容 ②購入後の対応 ③その他の影響 などを個別に確認
	契約不適合責任の履行		
	割賦販売		
	供託所		

※本リストは重要事項説明を受けるに当たっての参考資料であり、重要事項説明で確認すべき事項をすべて網羅しているものではありません。

出所：公益財団法人不動産流通推進センター「不動産ジャパン」

Q23 購入時にかかる税金は？

Answer

登録免許税、不動産取得税など6つの種類がある

必要な税金を把握しておこう

マンション経営を安定させていくには、税金に関する知識も大切です。マンション購入にかかる税金は次の6つです。

①所有権保存・移転のための登録免許税
②抵当権設定のための登録免許税
③印紙税
④不動産取得税
⑤固定資産税
⑥都市計画税

まずは所有権の登記に登録免許税が必要

①の登録免許税は、土地や建物が自分のものになったことを登記するためにかかる税金です。

税額・税率は、投資用新築マンションを購入した場合の登記、所有権の保存登記が「固定資産評価額×0・4％」、投資用中古マンションを購入した場合の登記、所有権の移転登記が「固定資産評価額×2・0％」です。ただし、土地については令和5年3月31日までに登記される場合は税率が1・5％となる軽減措置がとられています。

この登録免許税は、中古よりも新築物件の税率が安く設定されています。

金融機関から借り入れをすると、登録免許税がかかる

②の登録免許税は、マンションの購入資金として金融機関からローンを組む場合の登記、抵

【マンション購入時にかかる税金の一覧】

① 所有権保存・移転のための登録免許税

●所有権の保存登記　固定資産評価額×0.4%
●所有権の移転登記　固定資産評価額×2.0%
（建物は2.0%、土地は令和5年3月31日までに登記される場合1.5%）

② 抵当権設定のための登録免許税

ローン借入額×0.4%

③ 印紙税

契約金額（税抜）が1,000万円を超え5,000万円以下の場合、2万円
（平成30年3月31日までは1万円）　※期限付き減税措置

④ 不動産取得税

固定資産税評価額×4.0%（標準税率）
（平成30年3月31日までは3.0%）　※期限付き減税措置

⑤ 固定資産税

●土地　固定資産評価額×1.4%（標準税率）
（小規模住宅用地（200㎡以下の部分）……固定資産評価額×1/6）
●建物　固定資産評価額×1.4%（標準税率）
（新築マンションで課税対象の床面積が40㎡以上120㎡未満の場合
……5年間、税額が1/2）

⑥ 都市計画税

●土地　固定資産評価額×最高0.3%（限度税率）
（小規模住宅用地（200㎡以下の部分）……固定資産評価額×1/6）
●建物　固定資産評価額×最高0.3%（限度税率）

上記は、主にワンルームマンションに適用される税金について記しており、表現方法を簡略化しておりますので、軽減措置等の面積、期限、その他条件が追加、または削減されて適用となる可能性があります。期限付きの減税措置は従来より期限が延長継続されているものもありますが、今後の制度は未定です。詳細は国税局、または税務署等にご確認ください。

当権設定登記のためにかかる税金で、税率は「ローンの借入額×0・4%」です。

マンションを現金で購入する場合には当然かかりません。

売買契約書、金銭消費貸借契約書に記載された額による印紙税

③の印紙税はマンション購入時に取り交わす売買契約書、ローンを組む際に取り交わす金銭消費貸借契約書、それぞれに収入印紙を貼付することで税金を納める形になります。

それぞれの契約書に記載された金額(税抜)によって収入印紙の額は異なります。たとえば、金額(税抜)が1000万円超5000万円以下の場合、契約書に貼付しなければならない収入印紙は2万円です。しかし、現在は減税措置の恩恵により、不動産の売買契約書に貼付する収入印紙は1万円になっています。

ここまで説明した①②③はマンション購入時に必要となる税金です。

①②はQ20で説明した司法書士の登記費用の中に含まれていますので、税金として意識することはほとんどありません。③の印紙税も形としては収入印紙ですので、同じく税金という認識は持ちづらいものです。

さらにいえば、ほとんどの場合、①②③は購入時に不動産業者から提示される諸費用の中に含まれていますので、より一層、税金としての実感はないと思います。

購入後に一度だけかかる不動産取得税

マンション購入後、一度だけかかる税金が④の不動産取得税です。税額・税率は「固定資産税評価額×4・0%」です。

ただし、令和6年3月31日までは税率が3・0%に軽減されており、さらに新築の住宅を建てる土地については固定資産税評価額を2分の1にして算出する軽減措置がとられています。他にも税額の控除があり、現在の税制ではかなりの減税を受けられることになります。

この不動産取得税は都道府県による地方税で、

不動産取得後、半年から1年後くらいに納付書が郵送されてきます。これに基づいて、金融機関で納付、納税をします。

毎年支払い義務がある固定資産税と都市計画税

⑤の固定資産税、⑥の都市計画税はマンションなどの不動産を保有する限り、毎年支払わなければならない市区町村による地方税です（東京23区の不動産に限り東京都が課税します）。

毎年5〜6月に納付書が郵送で送られてきます。この税金は土地の広さや建物の大きさ・広さによって税額が異なりますが、毎年負担しなければならないため、納税者の負担を考慮して、一括で支払うか、年4回に分割して支払うかを選ぶことができます。

⑤の固定資産税の税額・税率は「固定資産評価額×1・4％」です。

土地、建物それぞれに減税措置があり、土地は200㎡未満の面積分は固定資産評価額を6分の1にして算出し、建物は課税対象の床面積が40㎡以上であれば120㎡未満の分について税額が5年間2分の1になります。

最後に⑥の都市計画税の税額・税率は「固定資産評価額×最高0・3％」です。この税率は、市区町村によって指定することができます。

こちらは、土地だけに減税措置がとられており、固定資産税と同じく土地は200㎡未満の面積分は固定資産評価額を6分の1にして算出します。

この固定資産税・都市計画税は、毎年1月1日時点で存在する土地と建物が課税対象となるため、新築マンションなどは、竣工したその年は土地だけが課税され、建物には課税されていません。翌年になって初めて建物が課税対象になります。

ちなみに、固定資産税・都市計画税は1月1日現在の所有者がその年度の税を納税することになるので、売買の決済時に所有権移転の日を境に日割清算するのが通例です。

Q24 購入後に発生する経費の内容は？

Answer

管理費や修繕積立金、その他の費用

マンションを快適に保つための管理費と修繕費

マンションを購入した後に毎月支払うことになるのが、マンションの維持管理に必要な管理費や修繕積立金です。建物の管理については第5章で詳しく解説しますが、ここではなぜ管理費や修繕費をオーナーが負担しなければならないかを簡単に説明しましょう。

まず、投資用マンションであっても、分譲マンションである以上、区分所有法に基づいて、所有者全員が管理組合員となります。その管理組合が管理会社に建物の共用部分の管理を一任し、日常的な清掃や機械メンテナンス、組合の運営などを行います。その費用を全所有者で按分して管理費として支払うことになるわけです。

管理費は、マンションのエレベーターや廊下、敷地などの共有部分を快適な状況に保つための費用に使われます。また、各部屋から出たゴミが指定日に回収されてマンションが清潔に保たれているのは、清掃員や専門の業者による定期的な清掃が実施されているからです。

機械・設備の点検や貯水槽などのメンテナンス管理費は安ければいいというものではありませんし、高ければ安心というものでもありません。他の物件と比較検討するなど、購入したマンションの管理費が適正なのかを、常に把握することが大切です。

修繕工事の費用となる修繕積立金

修繕積立金とは、マンションの建物本体と敷

【管理費の主な内訳、修繕積立金の主な用途】

管理費の主な内訳

管理委託費

●管理会社へ委託する事務管理業務、管理員業務、清掃業務、設備管理業務、非常通報業務などの費用

火災保険料

●共用部分の火災保険や、その他損害保険の費用

水道・光熱費

●共用部分の水道、電気などの費用

小修理消耗品費

●共用部分の小修理、電球などの取替費用

植栽管理

●共用部分の植栽の剪定、施肥などの費用

その他

●管理費などの口座振替費用、管理組合の運営費、予備費のほか、浄化槽、機械式駐車場などがあれば、その維持費用もあります

修繕積立金の主な用途

1. 共用部分の定期的、計画的な修繕に必要な費用
2. 共用部分に不測の事故やその他特別の事由によって発生する修繕に必要な費用
3. 敷地や共用部分の変更または処分に必要な費用
4. 建物の建替えにかかる合意形成に必要となる費用
5. その他敷地や共用部分などの管理上、区分所有者全体の利益のために特別に必要な費用

地内の共用部の修繕に使われる費用のことです。

年月が経つにつれ、マンションは必ず劣化してきます。この劣化を食い止めるためには修繕工事が必要となりますが、この工事を行うために毎月積み立てていくお金が「修繕積立金」です。修繕積立金は主に外壁の補修や塗装、屋上の防水層など、共用部の修繕工事の費用として使われます。

大規模な修繕工事は数年から十数年おきに必要になるものです。工事の規模が大きい分、かかる費用も数百万円から数千万円、マンションの規模によっては億という単位でかかるケースもあります。

マンションを購入するときには、管理費と同様に修繕積立金も必ず毎月の出費となりますので、考慮しておく必要があります。

マンション保有に伴うその他の費用

マンションを保有すると、毎月かかる管理費・修繕費、毎年かかる固定資産税・都市計画税のほかに、物件維持のために要した交通費や雑費、書籍などの資料代がかかることもあります。

これらは不定期でかかる費用ですが、マンション経営をする上で必然的にかかるものなので、第5章で説明する確定申告の際に経費計上できることを覚えておいてください。

用語集

【重要事項説明書】

物件に関する内容、金銭取引、ローンの内容などの重要項目を記した説明書のことです。通常は売買契約時に重要事項説明書に基づいた説明があります。内容は非常に多岐にわたり、契約の種類や物件によって内容は異なります。

【契約不適合責任】

契約不適合責任とは、売買目的である住宅が「契約の内容に適合しない」ときに買主が売主（不動産業者）に対して、補修や追完請求ができることを言います。通常、新築住宅において、売主（不動産業者）は基本的な構造部分（柱や梁などの住宅の構造体力上主要な部分、雨水の侵入を防止する部分）について10年間の契約不適合責任を負うことが義務づけられています。

【修繕積立金】

所有するマンションの共用部分における将来の補修・改修に備える積立金のことを指します。一般的に新築分譲業者や建物の管理会社が提案する長期修繕計画に基づいて、区分所有者であるオーナーが毎月定額を管理組合の口座に納入します。

【固定資産税】

毎年1月1日時点において、土地・家屋（建物）等を所有している者に対し、市町村が課税する地方税のことを指します。通常、納税通知書が年度初め（4～5月頃）に送付されます。納税は、一括納税もできますが、年度内に4回に分けて納税することも可能です。

【不動産取得税】

土地や家屋（建物）の購入、交換や贈与で取得、家屋を建築（新築・増築・改築）した場合、不動産を取得した者に対し、都道府県が課税する地方税のことです。原則、取得時に一度のみ請求されます。用途や土地の広さ、家屋（建物）の床面積等に応じて税率の減免やその他減額措置が講じられています。

購入後、安定収入を維持するために必要なこと

第5章

マンションを購入した後、長期的に安定した家賃収入を得ていくためには、賃貸管理や建物の管理、税金や保険の仕組みについても理解する必要があります。

また、家賃収入を保証する「サブリース契約」や、火災や事故など万一のことがあったときに頼りになる様々な「保険」があります。

第5章では、物件購入後の安定収入を維持するために必要な知識とノウハウについて、川田社長に教えていただきます。

Q25 賃貸管理と建物管理はどう違うの？

Answer

賃貸管理会社と建物管理会社は管理する内容が違う

入居者との対応は賃貸管理会社が行う

マンションを購入しても、それだけで安定して家賃が入ってくるわけではありません。安定経営のためには、マンションの管理が必要不可欠です。マンションの管理には、賃貸管理と建物管理の2つがあります。

まず、賃貸管理とは、所有しているマンションの賃貸入居者に関する対応と部屋の管理を行うことで、具体的に次のような業務を指します。

①入居前の業務として「入居者の募集」を行う。広告を出し、内覧希望者を部屋に案内して、入居希望者が見つかったら入居審査を行う。

②入居者が決まったら、重要事項説明書について説明し、賃貸借契約を締結する。敷金や礼金、前家賃などを振り込んでもらう。

③入居者が入居したら、家賃が毎月振り込まれているかを確認する。家賃を滞納されたら、通知や督促を行い、未収金の催促をする。

そのほかにも「隣の部屋がうるさい」「ゴミ出しのマナーが悪い入居者がいる」など入居者からクレームがあった際の対応などをします。

また、通常、入居者との賃貸借契約は2年となっており、その都度、契約更新を行います。これも賃貸管理の重要な業務です。

賃貸借契約期間の終了が近づいたら事前に入居者に通知し、家賃の改定があれば、新たに覚書を交わします。

入居者が退去する場合は、立ち会いや精算書の作成などの業務が発生します。ここで敷金の精算や返金などを行います。

建物管理は建物全体の管理や修繕を行う

一方、建物管理とは、マンション全体の建物の維持管理を行うものです。ワンルームマンションも、一般の分譲マンションと同じく、すべてのオーナーで組織される管理組合と建物の維持管理をするための免許を持っている管理会社が契約して、建物管理を行います。

建物管理は、専有部分である室内以外、建物のすべてを管理します。たとえば、外壁、屋上、エレベーター、給排水の設備、エントランスなどです。

主な業務は「事務管理」「清掃業務」「設備管理」です。「事務管理」は管理費や修繕費の管理や諸費用の支払いなどの会計業務をはじめ、管理組合の総会や理事会などのサポートです。「清掃業務」は管理員や管理会社の清掃員が毎日行う清掃のほかに、年に数回、機械やワックスを使った定期清掃があります。3つ目の「設備管理」では、共有部分の設備の点検を行います。エレベーターや消防設備は有資格者による定期的な点検が必要です。

賃貸管理と建物管理を一括で行う会社もある

ワンルームマンションの場合、賃貸管理と建物管理を一括して行っている会社と、それぞれを専属にやっている会社があり、物件によって管理業者や管理体制は異なります。

新築物件の場合、売主業者があらかじめ賃貸管理会社と建物管理会社を決めて販売しているので、購入検討時に管理業者をどこにするかを迷うことはないでしょう。

賃貸管理の範疇か、建物管理の範疇か、迷うことも

賃貸管理と建物管理をそれぞれ別の会社が担当する場合、トラブルがあった場合の責任をどちらの会社が持つのか、意見が分かれる場合があります。

たとえば、どこかの部屋で漏水があったとき、

部屋の中で発生したことだから「賃貸管理の範疇である」と考えるか、「給水設備に問題があるのだから建物管理の範疇である」といった判断がすぐにできないケースでは、賃貸管理と建物管理を違う会社が行っている場合、精査が難しいこともあります。1社もしくはグループ会社でカバーしている方が、結局は同じ会社が責任を持つため、話がスピーディにまとまる場合もあります。逆に、1つの会社に一括で管理を任せるよりも、様々な会社に任せたほうが、競争が生まれて費用面で優遇されるケースもあります。

賃貸管理と建物管理は別の会社に委託すべきか、それとも一括でお願いすべきか、どちらがいいとは一概には言えません。信頼できる会社に委託をして様子を見ていきましょう。

初心者こそ管理会社に任せるべき!

賃貸管理は賃貸管理専門の会社に、建物管理は建物管理専門の会社に任せるのが一般的です。

とはいえ、個人のワンルームマンションオーナーにとって、利益だけを考えれば、1室だけの管理なら自分でやってみようと思う人もいるかもしれません。大家さんのイメージというと、自ら家賃の回収を行うなど入居者の対応をしている姿が思い浮かぶかもしれません。自主管理をすることで、賃貸管理など一連の流れがよく理解できるというメリットもあるでしょう。

しかし、実際は、初心者のオーナーが賃貸管理業務を自分の本業と兼業でやろうと思うと予想以上に大変なことがわかります。入居者から突然電話がかかってきて、予想しないようなことを頼まれることがあります。それに迅速に対応するのは至難の業です。

【賃貸管理と建物管理の主な業務】

賃貸管理

●**入居者募集**
広告や店舗などで入居者を募集、入居希望者がいたら入居者審査を行う

●**家賃管理**
家賃の徴収、入金確認、滞納家賃の督促、賃貸条件改定などの提案を行う

●**入居者管理**
入居者からの質問やクレームなどに対応する

●**修繕・補修**
専有部分の修繕・補修の手配を行う

建物管理

●**事務管理**
管理費・修繕費の管理、諸費用の支払いなどの会計業務、マンションの総会や理事会の支援を行う

●**管理員業務**
マンションの管理員として受付や各種点検、工事の立ち会いなどを行う

●**清掃業務**
エントランスや共用廊下、階段などを清掃する
管理員や管理会社の清掃員が毎日行う日常清掃と年に3～4回ほど機械洗浄やワックス掛けを行う定期清掃がある

●**設備管理**
共用部分の設備の点検を行う
エレベーターや消防設備などは、有資格者による定期的な法定点検を実施

Q26 家賃収入を確保する「サブリース契約」とは？

Answer

毎月の家賃収入が保証される契約

マンション経営の一番の心配は空室リスク

ワンルームマンションのオーナーにとっての心配事というと、入居者からのクレームやトラブルへの対応、家賃の滞納問題などが挙げられます。しかし、初めてマンション経営をする場合、やはり一番の心配事は自分の所有する部屋が空室になって家賃収入が途絶えるというリスクでしょう。

所有するマンションを空室にしないためには、資産価値の高い東京の駅近の立地でマンションを購入することが大前提ですが、所有する物件が絶対に空室にならないとは限りません。そんな空室リスクへの不安に対応してくれるのが、これからご紹介する「サブリース契約」です。

サブリース契約で空室リスクに備える

賃貸マンションでは、一般的にオーナーは賃貸管理会社に入居者の募集を依頼し、賃貸管理会社がオーナーに代わって入居者募集を行います。しかし、この場合、入居者の確保は保証されていないことに注意が必要です。せっかくマンションのオーナーになっても、入居者がいなくては家賃収入が入ってきません。このリスクを回避するのがサブリース契約です。

サブリース契約とは、入居者募集から契約、家賃の回収といった通常の賃貸管理業務に加え、賃貸管理会社がその部屋を借り上げるというものです。そして、賃貸管理会社が一般に入居者を募り、転貸するのです。つまり、実際の入居の

【サブリース契約の仕組み】

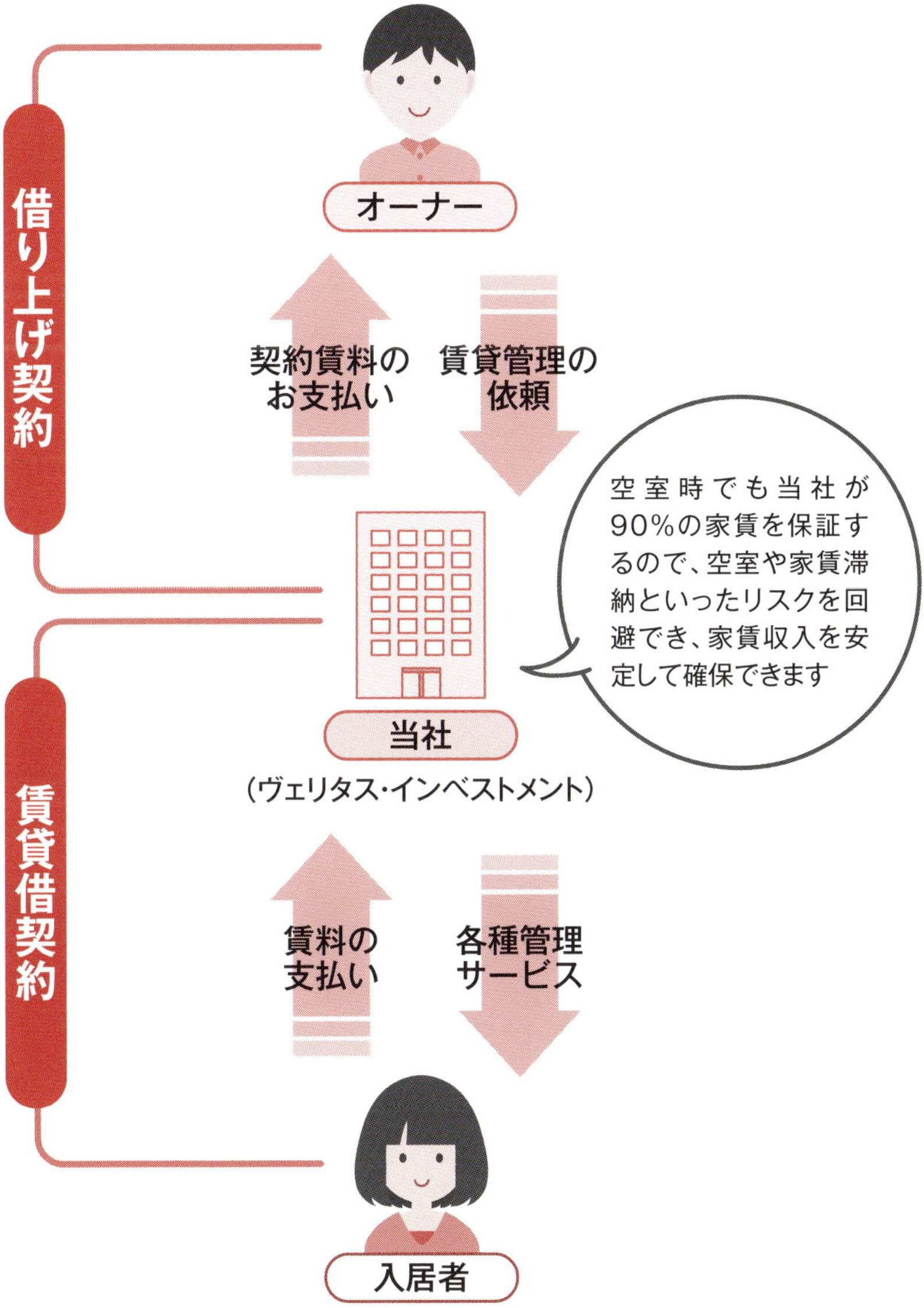

※保証料率は物件により異なる場合があります。

有無にかかわらず、賃貸管理会社からオーナーに家賃が保証されることになるのです。

サブリース契約の気になる契約内容について

サブリース契約は、賃貸管理会社が賃貸管理業務に加えて、オーナーに家賃を保証する制度ですが、新築物件の場合、売主が最初に賃貸募集するときの家賃が基準となるのが一般的です。サブリース契約では、最初に定めた家賃の90%前後を保証している会社がほとんどです。当社のサブリース契約でも家賃の90%を保証しています。

仮に募集家賃を10万円とすると、サブリース費用1万円を引いた9万円をオーナーは保証賃料として毎月受け取ることができます。

また、サブリース契約では、通常3年、5年と家賃保証の年数を定めています。この年数は、会社によって異なり、長期の保証を謳っている会社もありますが、その会社が定める有料のメンテナンスを行うことが必須条件になっていることがあるため、家賃は保証されるけれども、過剰で不要なメンテナンスをさせられる恐れもあります。

そのため、サブリースがどのような契約内容になっているのかを事前に把握することが大切です。具体的な保証期間と条件をあらかじめチェックしてから契約しましょう。

管理会社がすべての責任を負う契約に

サブリース契約では、オーナーに代わって賃貸管理会社が空室リスクをすべて肩代わりすることになるため、賃貸管理会社にとって致命的なリスクになりかねません。

実際、賃貸需要が悪い地域などでは、空室の多さに苦しむ管理会社もあります。つまり、空室リスクに耐えられる地域・物件でなければ、このような契約は成り立たないということです。

ちなみに当社ではすべての自社新築物件にサブリース契約を取り入れており、当社の物件を買われたオーナーの9割以上がこの制度を利用しています。

専有部分については、その都度、必要なメンテナンスを

それぞれのオーナーが所有する個々の部屋の中については、入居者の入れ替えがあるたび、その都度対応することになります。入居者の使い方によって、どのようなメンテナンスを行うかは、大きく変わってきます。部屋を綺麗に使う人もいれば、汚してしまう人もいます。部屋の使い方によって、どれくらいのクリーニングが必要で、入居者にいくら請求すべきなのかはその都度、対応することになります。

ここで注意しなければならないのは、管理会社との間にサブリース契約を結んでいても、次の入居者を迎え入れるためのメンテナンスにかかる費用はオーナーが負担しなければならないこともあるという点です。原則として、入居者が汚したり壊したものはその入居者に費用負担の責任がありますが、いわゆる経年で劣化したものはオーナーに修繕義務が生じます。マンションヨン経営は基本的にはほったらかしでＯＫですが、時として少なからず費用が発生する可能性があることは覚えておいてください。

初めてマンション経営を行う方は、この点に留意する必要がありますが、家賃が保証されてリスクの少ないサブリース契約をぜひ検討してみてください。

Q27 火災や事故に備える安心できる保険はある？

Answer

火災保険、総合保険などがある

万一の備えに保険加入は必須

ニュースで地震や台風、豪雨などの自然災害や火災などで住宅が被害を受ける様子を目にする機会が多くありますが、購入したマンションに不測の事態が起こってしまっては大変です。

そのため、投資用のマンションであっても、マイホーム購入と同様、万一の事態に備えて火災保険に加入しておく必要があります。

マンション購入時に不動産会社が提携している保険会社を紹介されることが多いですが、ローンを組む場合は、金融機関が紹介する保険会社を検討することもできます。

いずれにせよ、マンション経営を行う場合、保険への加入は必須と考えていいでしょう。

なぜなら、ローンを組む場合、金融機関は物件を担保にしている関係上、その物件が火事などで損害を受けても補修費用が確保できるように、火災保険への加入を義務づけているからです。

賃貸管理を委託する場合も、保険への加入が必須

ローンを組まずに物件を現金で購入する場合も、賃貸管理を不動産会社に委託する場合は保険加入が必須になります。

なぜなら、賃貸の入居者が安心して住める環境を提供するのもオーナーの義務であるので、賃貸管理の委託契約に保険への加入を義務づける条項があることが一般的だからです。

【火災保険と総合保険のカバーする範囲の違い】

		住宅総合保険 さまざまなリスクを総合補償するタイプ	住宅火災保険 基本的な補償のタイプ
	火災	○	○
	落雷	○	○
	ガス爆発などの破裂・爆発	○	○
	風災・ひょう災・雪災	○※	○※
	水災	○※	×
	自動車の飛込み等による飛来・落下・衝突	○	×
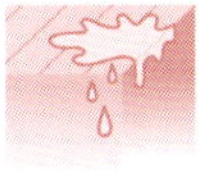	給排水設備の事故等による水濡れ	○	×
	騒じょう等による暴行・破壊	○	×
	盗難	○	×

※一部自己負担額がある場合もあります。

出所：一般社団法人日本損害保険協会

火災保険にプラスして、総合保険、地震保険を検討

火災保険は投資用マンションを所有する際に基本となる保険です。保険料は保険会社や補償内容によって異なりますが、一括で支払う場合、10年分でおおむね2万~3万円です。

また、火災以外の災害にも備えておきたいものです。その場合、「総合保険」に入っておけば、火災、落雷、破裂、給排水設備の事故による水漏れなどの損害を総合的に補償してくれます。こうしたトラブルはオーナーの努力では避けられないものですから、総合保険の加入がおすすめです。

さらに日本は地震大国ですから、やはり地震への備えについて気になるものです。マンションの場合、耐震性に優れているため、地震による損害はそれほどないかもしれません。しかし、地震を原因とする火災などの恐れもあるでしょう。その場合、前述した火災保険では保険金が下りないので、注意してください。

地震保険では、保険の対象である建物または家財が全損、大半損、小半損、または一部損（次のページの表参照）となった場合、あるいは地震が原因で火災が起きた場合に保険金が支払われます。

地震保険は火災保険のオプションで加入することになりますが、一緒に加入する火災保険の保険金額の30~50%の範囲でしか契約できないルールになっています。たとえば、火災保険における評価額が1000万円の場合、地震保険で加入できる額は500万円までとなります。

入居者にも保険への加入を促す

このほかに、入居者用の賃貸住宅総合保険があり、賃貸管理契約の中で、加入してもらうことになっています。火災や事故は入居者が原因であることもありえますので、発生原因が誰か・何かによって、適用させる保険の種類が変わってきます。

【建物の損害状況による地震保険で支払われる保険金の違い※1】

	建物		家財	
	基礎・柱・壁・屋根など※2の損害額が建物の時価の	焼失・流失した部分の床面積が建物の延床面積の	家財の損害額が家財の時価の	**支払われる保険金**
全損 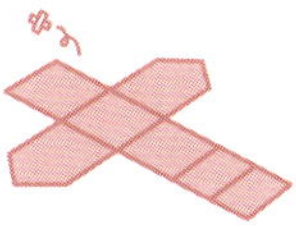	50%以上※3	70%以上	80%以上	契約金額の100%（時価が限度）
大半損 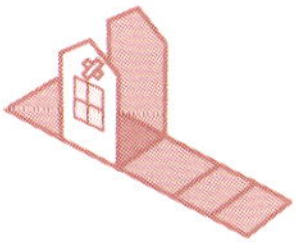	40〜50%未満※3	50〜70%未満	60〜80%未満	契約金額の60%（時価の60%が限度）
小半損 	20〜40%未満※3	20〜50%未満	30〜60%未満	契約金額の30%（時価の30%が限度）
一部損 	3〜20%未満※3	全損・半損に至らない建物が床上浸水。または地盤面から45㎝を超える浸水	10〜30%未満	契約金額の5%（時価の5%が限度）

※1 2017年1月1日以降に保険期間が始まる契約に適用。2016年12月末以前始期の契約については、「全損」、「半損」、「一部損」の3区分で認定します。
※2 基礎・柱・壁・屋根などの主要構造部に着目して損害を調査します。地震保険でいう「主要構造部」とは、建築基準法施行令第１条第3号に掲げる構造耐力上主要な部分をいいます。
※3 津波によって建物（「木造建物」「共同住宅を除く鉄骨造建物〈鉄骨系プレハブ造建物等の戸建住宅〉」）に浸水損害が生じた場合は浸水の深さ、地盤の液状化によって建物（上記と同じ）に損害が生じた場合は傾斜の角度または沈下の深さで「全損」、「大半損」、「小半損」、「一部損」を認定します。詳しくは、お近くの損害保険会社までお問い合わせください。

出所：一般社団法人日本損害保険協会

Q28 団体信用生命保険ってどんな保険？

Answer

オーナーに万一のことが起きても、マンションが家族のものになる保険

団体信用生命保険の保険料は返済額に含まれる

投資用マンションをローンを組んで購入する場合、団体信用生命保険（以下、団信）に加入することが義務づけられているので、自分に万一のことがあっても、家族に不動産を残すことができるというメリットがあります。

団信とは、ローンを借り入れている人が亡くなったり、高度障害になった際に、ローンの残債すべてを保障する保険です。保険料はローンの支払利息の中に含まれているため、別途保険料を支払う必要はありません。

ローンを組む金融機関により保険会社は異なりますが、いずれも加入時の健康状態を自己申告する必要があります。告知事項の例としては「心筋梗塞」「心臓病」「高血圧症」「潰瘍性の病気」「がん」「糖尿病」「肝機能障害」「うつ病」「視力・聴力・言語に著しい障害がある」など、ほかにも多数あります。これらに該当する方や過去に大病を患った経験がある方は、最悪の場合、団信への加入を断られて借り入れができない場合があります。

がんや生活習慣病に対応した保障内容も登場

これまでの団信は死亡あるいは高度障害と診断されたときに保険が下りるのが一般的でした。しかし、最近は「がん保険付」や「生活習慣病に対応」など様々なオプションが付いた団信が登場しています。家系にがん患者が多いなど、健康面で不安のある方は、各社の資料を取り寄せ

【オプションつきの団体信用生命保険の一例】

死亡・所定の高度障害状態や、余命6ヶ月以内と診断されたときの保障に加え、がんと10の生活習慣病に対応

がん（所定の悪性新生物）と
診断確定されてしまった…

- 初期がん
- がんが治ったあと

→ 投資用ローン残高が **0円**

※上皮内がんや、皮膚の悪性黒色腫以外の皮膚がんは、がん診断保険金のお支払いの対象となりません
※責任開始日からその日を含めて90日（免責期間）以内にがん（所定の悪性新生物）と診断確定された場合には、がん診断保険金は支払われません

10種類の生活習慣病で、継続して
180日以上の入院になってしまった…

10種類の生活習慣病

- 糖尿病
- 高血圧性疾患
- 腎疾患
- 肝疾患
- 慢性膵炎
- 脳血管疾患
- 心疾患
- 大動脈瘤及び解離
- 上皮内新生物
- 皮膚の悪性黒色腫以外の皮膚がん

→ 投資用ローン残高が **0円**

て、団信の保障内容について比較検討してみるのもいいでしょう。

生活習慣病団信付のローンは、金利0・1%上乗せで加入可

前ページでお伝えしたがんや生活習慣病団信付きのローンについて、1つの例を挙げてご紹介しましょう。

たとえば、11疾病、がんや生活習慣病に対応した団信では、以下の事項に該当した場合、ローンの残高がゼロになります。

・死亡
・高度障害状態
・医師の診断等で余命6カ月以内と診断された場合
・10種類の生活習慣病で入院が180日以上となった場合
・がんと診断確定された場合

その他にも、24時間の電話による健康サービスやセカンドオピニオンサービスが付帯されています。こうした付加価値のある団信の場合、金融機関や保険によって詳細は異なりますが、保障が手厚くなる分、通常のローンより金利が0・1%ほど高くなります。

従来の団体信用生命保険に加入できない人向けのワイド団信

団信は誰でも加入できるわけではありません。健康上の問題を抱えている方などは加入できない場合もあります。たとえば、従来型の団信には、高血圧症、糖尿病、肝機能障害などの方は加入できないことがあります。

そんな方でも加入できる、やや条件が緩和されているのが「ワイド団信」です。もちろんすべての人が加入できるわけではありませんが、持病がある方はワイド団信に加入できれば金融機関でローンを組むことができます。そう考えると、持病などがない、健康なうちにマンション経営を始めて、家族に残せる資産を持つことには重要な意味があります。

【ワイド団信とは?】

持病持ちで、団信に入れなかった…

↓

ワイド団信

従来の団信よりも、引受条件が緩和された団信。
健康上の理由でこれまで加入できなかった方も、
加入できる場合があります

加　入	審　査
●保険会社所定の引受審査が必要 ●すべての方が加入できるわけではありません	●加入者の年齢・性別・症状・治療歴等の詳細を記入した申込書兼告知書が必要です ●同じ病名であっても、加入できる場合とできない場合があります

Q29 マンション経営を始めたらサラリーマンも確定申告するの？

Answer

不動産所得がある場合、確定申告は必須

不動産を所有したら、確定申告は必ず行う

投資用マンションを購入して不動産所得が発生した場合、サラリーマンの方でも必ず確定申告をしなければなりません。

毎年の収支がプラスの方でも、物件を購入した初年度は諸経費が多くかかり、不動産所得がマイナスになることがあります。その分は給与所得から差し引いて申告することになるため、所得税が還付されたり、住民税が軽減される可能性が高くなります。

確定申告をすることで税が優遇されることもありますから、投資用マンションを購入したら、必ず確定申告をしましょう。

不動産所得の計算の方法はシンプル

不動産所得は、家賃収入や礼金、更新料などの「不動産収入」から、毎年の必要経費を引いた額になります。

必要経費とは、減価償却費、ローン支払い利息、固定資産税、都市計画税、管理費、修繕積立金などです。

また購入した初年度のみかかる経費があります。建物の不動産取得税、登録免許税、印紙税、ローン事務手数料などです。

購入してから数年して修繕が必要になった場合は、修繕にかかった費用も経費になります。

建物分のローンの支払い利息や減価償却費などによって、不動産所得はマイナスになるケー

スがあるかもしれませんが、その場合も、確定申告をすることで所得税が還付され、住民税も軽減されることがあります。

減価償却費の経費計上の仕方

確定申告で所得から経費として差し引くことができるものに「減価償却費」があります。これは、実際には経費として支払いは発生していませんが、いわば「資産価値の下落分を経費とみなす」制度のことです。

新築マンションの場合、税法上は年数を経るごとに建物の価値は下がります。新築の鉄筋コンクリート造の法定耐用年数は47年と定められています。

なお、土地は年数に応じて価値は下落しないという考えのもと、減価償却の対象にはなりません。

税法上、減価償却費の計算方法は、平成28年４月１日以降に不動産を取得した場合、以下のどちらかを選択します。

①建物の躯体も設備もすべてをまとめて定額法（耐用年数47年）で償却する

②建物の躯体は定額法（耐用年数47年）で、設備は定額法（耐用年数15年）で償却する

計算式は次の通りです。

①定額法で建物すべてを償却する場合

販売価格×０・０２２（↑１／47年の定数）＝１年間の減価償却費

②建物と設備を分けてそれぞれを定額法で償却する場合。販売価格を建物価格と設備価格に分ける（比率は売主に確認）

建物価格×０・０２２（↑１／47年の定数）＝建物の１年間の減価償却費

設備価格×０・０６７（↑１／15年の定数）＝設備の１年間の減価償却費

実態としては②を選択する方がほとんどです。

【サラリーマンの確定申告①】

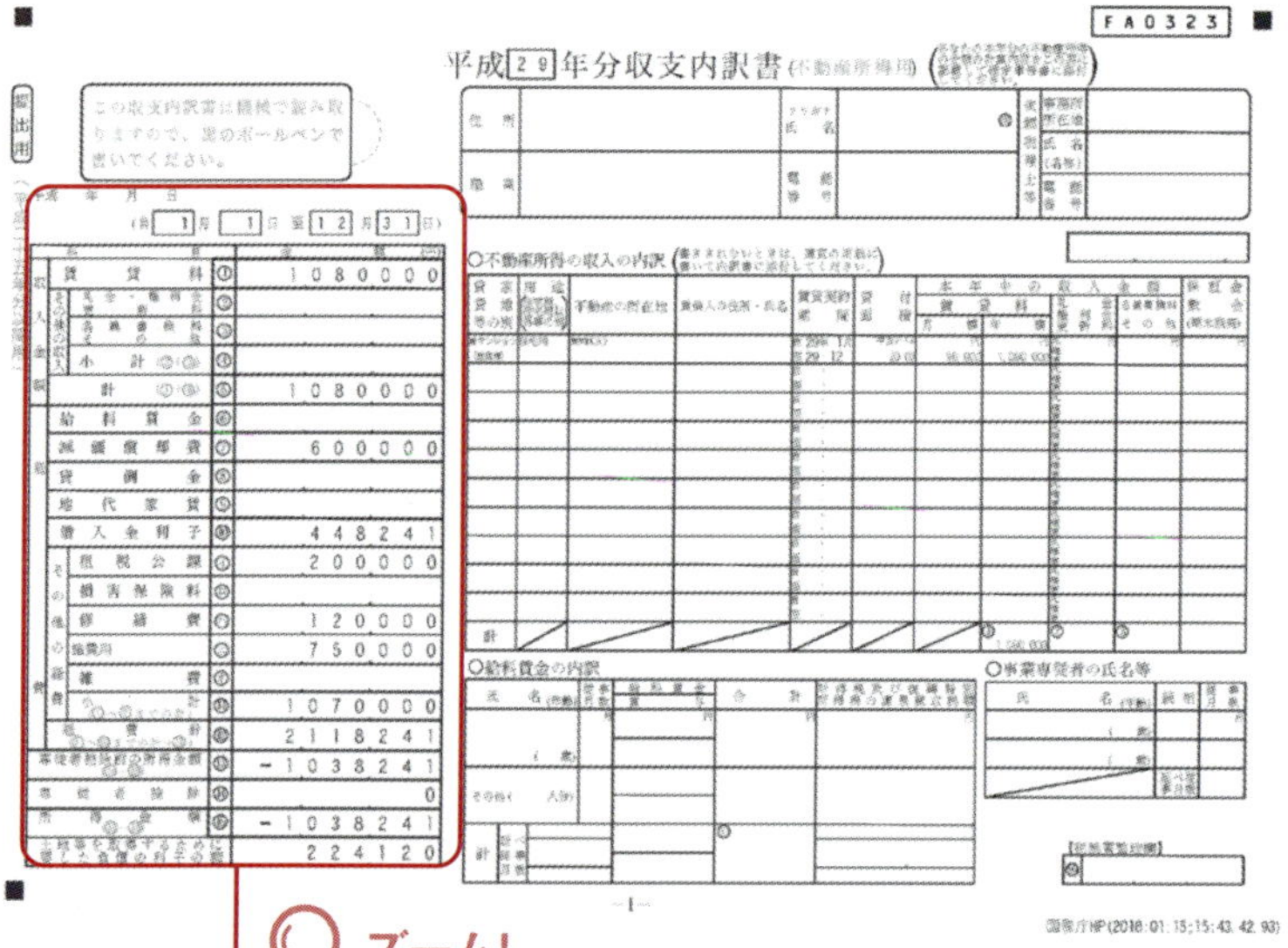

ズーム!

収入金額	
賃貸料	1,080,000
合計	1,080,000

①不動産収入
賃貸料……家賃収入、礼金、更新料など

経費	
減価償却費	600,000
借入金利子	448,241
租税公課（その他経費）	200,000
管理・修繕・手料（その他経費）	120,000
諸費用（その他経費）	750,000
経費合計	2,118,241
所得金額	−1,038,241
土地等を取得するために要した負債の利子の額	224,120
申告所得	−814,121

②必要経費
- 減価償却費……減価償却費
- 借入金利子……ローン支払い利息
- 租税公課……不動産取得税（1年目のみ）、固定資産税、都市計画税
- 管理・修繕・手料……管理費・修繕費
- 諸費用……登記費用、金融機関手数料、収入印紙代、火災保険料等

①不動産収入−②必要経費＝不動産所得

サラリーマンの確定申告②

所得金額等

不動産	−814,121
給与	6,000,000
合計	**5,185,879**

給与所得から不動産所得を差し引く

課税所得がダウン

元々の課税所得 4,320,000 → 不動産所得を含めた課税所得 3,505,000

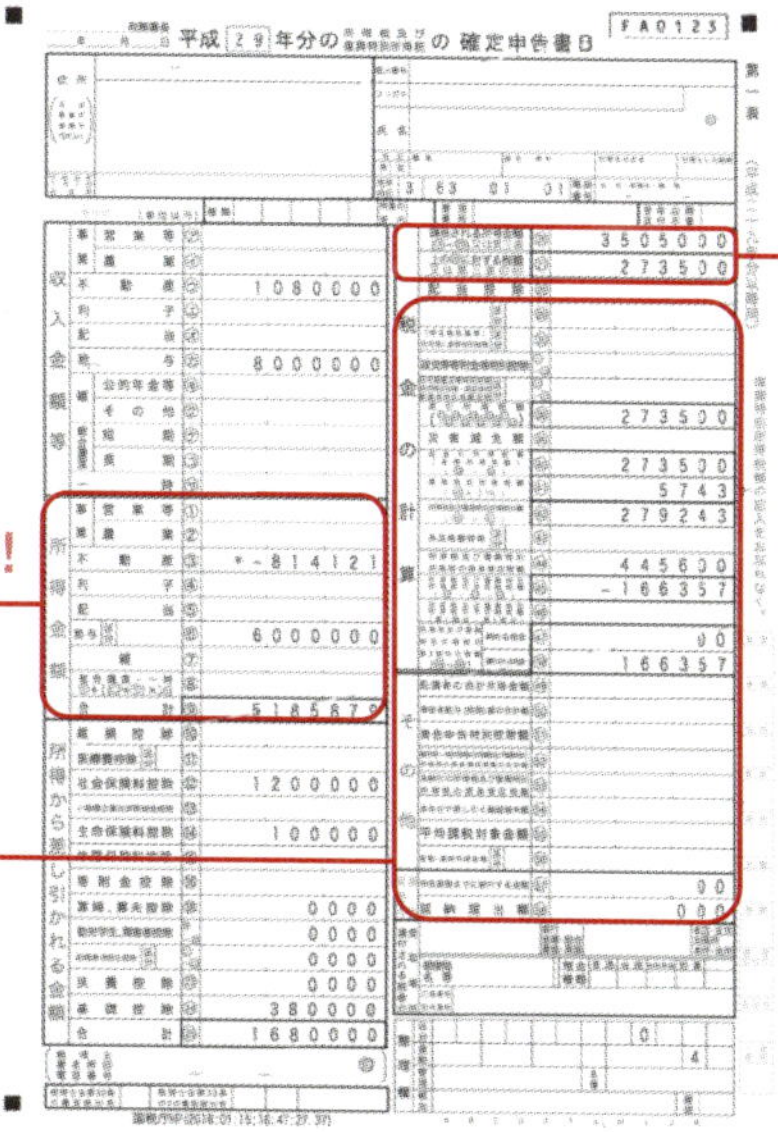

元々の所得税	−	不動産所得を含めた所得税	=	還付金
445,600	−	279,243	=	166,357

所得税が166,357円還付される！

減価償却費の計算方法

購入物件の建物と土地の割合を5:5として計算
購入価格3,000万円のうち、建物割合を1,500万円とする

①定額法で建物すべてを償却する場合
1,500万円（建物価格）×0.022＝33万円

②建物と設備を分けて償却する場合（比率は売主に確認）
900万円（建物価格）×0.022＝19万8,000円
600万円（設備価格）×0.067＝40万2,000円

①は47年間かけて均等に経費計上することになります。一方、②は設備について15年で経費計上し終わるため、購入から15年間は経費の額が①よりも多くなります。よって不動産所得を抑えることができ、節税のメリットが高まります。
しかし、長期的に保有することとなった場合、②は15年を超えると建物の躯体分しか経費計上ができず、節税のメリットが薄くなります。いずれにせよ①と②は最終的な経費の額は変わりません。売却を考える場合、特にその時期を考慮して選択するとよいでしょう。

用語集

【サブリース（契約）】

不動産管理業者が1棟、または1部屋（区分）をオーナーから借り上げて第三者に転貸できる契約です。入居者が決まっているかどうかに関わらず、契約した部屋のオーナーには不動産管理会社から家賃が入ります。サブリース契約を結んだ不動産管理会社は、入居者募集から契約・更新手続き、家賃の集金・送金、退去立会い、修繕の手配まで一括して不動産管理業者が行うケースが一般的です。オーナーにとっては不動産管理の手間を省けるだけでなく、空室リスクを回避できるという利点があります。不動産管理会社がオーナーから借り上げる金額は、設定家賃の80％～90％程度が一般的です。

【ワイド団信】

保険の引受範囲を拡大することで、一般の団体信用生命より加入しやすくしている団体信用生命のことです。たとえば、高血圧症、糖尿病、肝機能障害などの理由で、団体信用生命に加入できなかった人も加入できる可能性があるとされています。

【減価償却】

減価償却資産の取得に要した金額を一定の方法によって各年分の必要経費として配分していくことをいいます。個人で行う投資用不動産を含む事業などの業務のために用いられる建物、建物附属設備、機械装置、器具備品、車両運搬具などの資産は、一般的には時の経過等によってその価値が減っていきます。減価償却資産の取得に要した金額は、取得した時に全額必要経費になるのではなく、その資産の使用可能期間の全期間にわたり分割して必要経費と、使用可能期間に当たるものとして法定耐用年数が定められています。

【確定申告】

税に関する申告手続のこと。売上や経費、所得などを確定申告書類に記入して税務署へ提出します。サラリーマンの場合、会社が各社員の所得税を概算で天引き、年末調整する仕組みになっているため、確定申告が不要なケースが多いものの、投資用の不動産を取得したら、自分で確定申告をしなければなりません。

おわりに

本書では、モデルの押切もえさんを交えて、Q&A形式で初心者の方にもわかりやすくマンション経営の基礎をお伝えしました。

内容をより深く理解していただけるように、多くの図表を入れて構成してきましたが、いかがでしたでしょうか。

マンション経営に興味があったものの、「何から始めたらいいのかわからない」「大きなお金が動くことだから、漠然とした不安がある」と最初の一歩が踏み出せない方も多くいたことでしょう。

しかし、本書を読んでいただければ、不動産投資の中でも、都心の駅近のワンルームマンションで、なおかつデザイナーズマンションであれば、長期的なニーズを見込めるので、それほど難易度が高い投資ではないことがおわかりいただけたかと思います。

また、みなさんが不安に思われる「空室リスク」についても、サブリース契約などの安心して始められる制度が整っていることをおわかりいただけたのではないでしょうか。

昨今は、平均寿命が延びて、「人生100年時代」といわれるようになりました。定年退職した後も、まだまだ長い人生が待っています。

あなたがいつか仕事を辞めてリタイアしたとき、年金だけを頼りにするのではなく、毎月、家賃収入が見込めるのであれば、老後の楽しみも増えるはずです。

そう、リタイア後の人生を家賃収入がサポートしてくれることが、マンション経営の最大のメリットなのです。

このような大きなメリットがあるマンション経営をぜひ一人でも多くの方に始めていただきたいと願っています。

そして、当社が誇る最新のデザイナーズマンションをぜひみなさんの目と足を使って、実際にご覧いただけたら、甚だ幸いです。

２０１８年２月
株式会社ヴェリタス・インベストメント
代表取締役　川田秀樹

Appendix

E

ヴェリタス・インベストメントが開発した
デザイナーズマンションをご紹介します

PREMIUM CUBE
飯田橋 ♯mo

PREMIUM CUBE
品川戸越 ♯mo

PREMIUM CUBEシリーズ

PREMIUM CUBE
北品川

PREMIUM CUBE G
四谷左門町

PREMIUM CUBE G
駒沢大学

PREMIUM CUBE 北品川

PREMIUM CUBE 北品川

所在地	東京都品川区北品川 二丁目5番2・○○○号（住居表示）
交通	京浜急行本線「新馬場」駅　徒歩6分 JR 山手線「品川」駅　徒歩 15 分
構造・規模	鉄筋コンクリート造・地上9階建て
総住戸数	30 戸
専有面積	20.81 ～ 42.03㎡
間取り	1K、1LDK
竣工	2012 年3月5日（検査済証）

品川駅の南に位置する旧東海道の宿場町。今でもその名残を感じられ、下町情緒ただよう北品川本通り商店街の傍らに『PREMIUM CUBE 北品川』は建設されました。

日本のビジネスと鉄道交通の拠点となる品川区のなかでも、周囲を運河に囲まれ、すぐ近くには東京湾があり、仕事と日常の切り替えがしやすい環境にあります。

建物の外観はスクエアなシルエットで、白と黒のタイル貼りは、ボーダーラインが巧みに貼り分けられ、単調になりがちなデザインにアクセントが加えられています。

入居者を迎え入れるエントランスは、黒地に透明なガラス質のランダムな模様が入り込んだ大判の磁器質タイルが印象的で、照明の明かりが反射することで幻想的な空間を作り上げています。

PREMIUM CUBE G 四谷左門町

PREMIUM CUBE G 四谷左門町

所在地	東京都新宿区左門町 20 番8（地番）
交通	東京メトロ丸ノ内線 「四谷三丁目」駅　徒歩5分 JR 中央・総武線 「信濃町」駅　徒歩7分
構造・規模	鉄筋コンクリート造・地上 13 階建て
総住戸数	34 戸
専有面積	25.56 ～ 48.49㎡
間取り	1K ～ 1LDK
竣工	2013 年4月5日（検査済証）

周りは新宿御苑、赤坂御用地、国立競技場などがある明治神宮外苑に囲まれ、都内でも屈指の好立地。地図に落とし込めばその地のすばらしさが明確にご理解いただけることでしょう。

今作は当社とデザイン事務所 GLAMOROUS（グラマラス）とのはじめてのコラボレートで、外観とエントランスのデザインをグラマラスが監修をしました。

デザインのモチーフとなっているのは、その地の家柄を主張する紋章のような“チェック柄”です。和の風情、民族意識にも通じ、時代を超えて愛され続ける象徴として、住まう人の心を安らぎに誘いながら、邸宅に誇りと気品を持ち続けられるようにデザインされました。

PREMIUM CUBE G 駒沢大学

PREMIUM CUBE G 駒沢大学

所在地	東京都世田谷区上馬 二丁目1番5-○○○号（住居表示）
交通	東急田園都市線「駒沢大学」駅 徒歩5分
構造・規模	鉄筋コンクリート造・地上15階建て
総住戸数	43戸
専有面積	25.84～26.66㎡
間取り	1K
竣工	2014年3月10日（検査済証）

渋谷、三軒茶屋が生活拠点となる世田谷区上馬。駅名にもあるように駒澤大学のキャンパスがこの地にあります。また、近隣には「駒沢オリンピック公園」に代表される公園が多くあり、自然美豊かな地域です。

外観とエントランスのデザインはデザイン事務所GLAMOROUS（グラマラス）が監修。

自然がある街、駒澤大学や昭和女子大学などアカデミックな街、これら歴史の新旧を象徴するキーワードとして〈ライブラリー〉をコンセプトに据えられています。単純に本棚というだけでなく、“記憶の集積”というタイムレスな存在という意味も込められています。そして、そのコンセプトが明確に読み取れるのがエントランスの装飾です。無数の書籍に囲まれたようなデザインで、ラグジュアリーでインテリジェンスな雰囲気を感じさせます。

PREMIUM CUBE 飯田橋 #mo

PREMIUM CUBE 飯田橋 ♯mo

所在地	東京都新宿区新小川町 4番9-○○○号（住居表示）
交通	東京メトロ東西線・南北線・有楽町線・ 都営地下鉄大江戸線 「飯田橋」駅　徒歩5分 JR中央・総武線 「飯田橋」駅　徒歩7分
構造・規模	鉄筋コンクリート造・地上4階建て
総住戸数	51戸
専有面積	25.52～45.12㎡
間取り	1K～1LDK
竣工	2015年4月27日（検査済証）

JR山手線のほぼ中央に位置する飯田橋は、粋な風情の神楽坂、緑豊かな小石川後楽園に隣接し、ショッピングもビジネスも身近になる都会の街です。歩いて東京ドームシティへも行ける距離にあり、東京のランドマークのふもとに暮らす立地です。

総合デザインはモデル、執筆にと多方面で活躍する押切もえ氏が担当しています。

外観は、水平と垂直を白と黒のパターンで表し、赤と青のアクセントを加えたグラフィカルなデザインが印象的です。

エントランスや室内のマテリアルも、毎日の暮らし、そして10年後も20年後も嬉しい気持ちに満ちあふれた暮らしを実現できるように、押切氏が自ら厳選いたしました。

PREMIUM CUBE 品川戸越 #mo

PREMIUM CUBE 品川戸越 ♯ mo

所在地	東京都品川区東中延 一丁目4番17・○○○号（住居表示）
交通	都営地下鉄浅草線「戸越」駅　徒歩5分 東急池上線「戸越銀座」駅　徒歩7分
構造・規模	鉄筋コンクリート造・地上13階建て
総住戸数	58戸
専有面積	21.64～43.29㎡
間取り	1K～1LDK
竣工	2017年6月23日（検査済証）

再開発が進む品川。押切氏の♯moプロジェクトで6作目となるこの物件は、日本屈指の商店街“戸越銀座商店街”の南に位置します。活気あふれる商店街のすぐ近くには、肥後国（熊本）藩主の細川家下屋敷の庭園跡に造られた歴史を感じられる戸越公園があります。

物件のコンセプトは〈遊び心〉と〈安らぎ〉です。

外観は7色ものタイルを組み合わせたカラーリングでありながら、全体として落ち着いた印象の色彩です。エントランスは〈安らぎ〉を表現するために、穏やかで和らかな空間を演出するために、白を基調とし、落ち着いた素材感のある石貼りの仕様に仕上げました。

押切もえの
教えて！ マンション経営 Q&A

2018 年 2 月20日　初版発行
2021 年12月16日　2 刷発行

著　者　川田秀樹
発行者　野村直克
発行所　総合法令出版株式会社
〒 103-0001 東京都中央区日本橋小伝馬町 15-18
ユニゾ小伝馬町ビル 9F
電話　03-5623-5121
印刷・製本　中央精版印刷株式会社

ISBN978-4-86280-599-7

総合法令出版ホームページ　http://www.horei.com/